〈犯罪大国アメリカ〉のいま

分断する社会と銃・薬物・移民

西山隆行
Takayuki Nishiyama

弘文堂

はじめに

第二次世界大戦以後の政治を特徴付けていた高度経済成長が一九七〇年代に終焉を迎えて以降、アメリカはニューディール型福祉国家から〝クライム・ディール〟を特徴とする刑罰国家へと変化したといわれる。

二〇〇九年三月にピュー・リサーチ・センターが発表した調査結果によれば、二〇〇七年末の段階でアメリカの成人の三一人に一人に当たる七三〇万人が受刑状態（執行猶予や仮釈放中の者を含む）にある。一九八二年の段階では受刑者数は二二〇万人で成人の七七人に一人であったことを考えると、受刑者数が大幅に増大していたことが理解できるだろう。当時、全世界の人口にアメリカ人が占める割合は五％だったが、受刑者に関してはその二五％を占めていた。その結果、刑事司法関連支出は、連邦、州、地方の全てのレベルで上昇し、四七〇億ドルが投じられていた。それまでの二〇年で刑事司法関連費用の伸び率は、貧困者向けの公的医療保険であるメディケイドについで二位となっている。

今日のアメリカでは、犯罪率は当時と比べると低くなっている。だが、右に述べたような背景もあり、近年のアメリカでは福祉国家に向けられていた政治的、財政的資源が刑事司法の分野に向けられるようになっている。その背景には、主として連邦政府や州政府を中心に主導された保守的な刑事政策の展開があるといわれている。

その一方で、連邦や州と比べてアメリカの地方政府（市や町、郡など）は厳罰主義的な犯罪政策を必ずしも支持していないという説も存在する。本書は、連邦や州における動向と、地方政府や地域コミュニティにおける動向の双方に目を配りつつ、近年のアメリカの犯罪政策が変化した理由を解明することを目的としている。

本書はまた、犯罪政策をめぐる対立の激化が、アメリカの政治社会を分断している実態を明らかにする。多くの予想に反して二〇一六年大統領選挙で勝利した共和党のドナルド・トランプは、犯罪に関する表現やそれを想起させるレトリックを頻繁に用い、「法と秩序」の問題を強調することで白人労働者層を自らの支持基盤として固めようとした。

二〇一六年の共和党全国大会で目を引いた現象の一つに、「ロック・ハー・アップ」というフレーズが連呼されたことがあった。ホワイトウォーター疑惑などを念頭に置いて、民主党候補であったヒラリー・クリントンを投獄しろというのだった。そしてトランプは、自らが当選すれば対立候補のクリントンを投獄すると発言していた。また、トランプは、中南米系などの移民や黒人がアメリカの治安を悪化させていると発言し、「法と秩序」を守るとのメッセージを繰り返した。この「法と秩序」というのは、リチャード・ニクソン大統領（任期：一九六九〜一九七四年）が当時の治安悪化を背景にスローガンとして用いたフレーズである。そしてトランプは、二〇二〇年の大統領選挙に際しても、リベラル派や民主党の一部で警察予算剥奪論が提唱されていることを強く批判しながら、自らは「法と秩序」を守る大統領だと繰り返し主張していた。アメリカ史上最も犯罪率が低くなっている今日においても、犯罪対策強化のレトリックが多くの人の心をつかむというのは、犯罪の問題が一部のアメリカ国民の心に深く根付いていることを示しているといえるだろう。

もっとも、トランプ流の議論が全てのアメリカ国民の心をとらえているわけではない。実際、犯罪問題をめぐって、アメリカの政治社会は分断されている。その大きな背景には、アメリカにおける都市とその他の地域（郊外や農村地帯）の対立が存在する。都市の中心部に位置するスラムは、アメリカの犯罪問題を象徴する場所とされてきた。貧困と人種問題が顕在化しているスラムは、麻薬が流通していたり、銃の発砲事件がしばしば起こるといったような、犯罪多発地帯というイメージが持たれてきた。中南米系の移民が増大している今日では、都市部に多くの違法薬物が持ち込まれて治安がさらに悪化しているという主張も、保守派の人々によって展開されている。

アメリカの都市部を中心に人種的プロファイリングやマイノリティに対する暴力的取り締ま

りがしばしば行われていることは、日本でも知られているだろう。それに反発する動きとして「ブラック・ライヴズ・マター」（黒人の生命は重要だ）という運動がここ数年展開されている。ブラック・ライヴズ・マター運動の内容は多様であり、特定のイデオロギーに基づく運動というわけではなさそうである。そして、ブラック・ライヴズ・マターの活動に対する支持が世論調査で半数を上回ることもあり、活動家らは、当該運動は特定の党派に関わらない全国民的運動だと主張している。とはいえ、運動自体は都市やマイノリティを基盤とする民主党と関係が深いといえるだろう。

二〇二〇年には、警察による暴力的な取り締まりの結果黒人のジョージ・フロイドが死亡したことをきっかけとして抗議運動が発生し、その運動の一環として「警察予算を剥奪せよ！」という主張も聞かれるようになった。トランプはそれを、プロの無政府主義者、暴力集団、略奪者を中心とした極左集団やアンティファ（反ファシストを主張する団体）による動きだと主張している。このように、犯罪や秩序の問題は人種問題とも複雑に絡み合いながら、二大政党が対立する争点となっている。

他方、アメリカの農村地帯は、黒人や移民の数は少ない。銃の所持率が都市部と比べても高いにもかかわらず治安が良好である。このような農村地帯では警察官や保安官は、コミュニティの良き隣人として地域に貢献してくれる人々というイメージであり、警察予算剥奪という主張は、あまりにも過激に聞こえる。また、都市でも農村でもない郊外地域には、都市の治安悪化から逃れるために移住してきた人も多い。マイノリティが多く居住する都市部の犯罪を抑止して「法と秩序」を復活させるべきとの主張は、このような人々の不安な心情に強く訴えているのである。

トランプは、このような社会の亀裂を前提として政治戦略を組み立てていた。人種的、民族的対立をあおりつつ、白人労働者層を自らの支持層として囲い込もうとする戦略である。一九六〇年代には人口の八五％を占めていた白人は、二〇四〇年代には人口の半数を下回ると予想されている。ニクソンが「声なき多数派」と呼んだ白人労働者層は、今日ではグローバリズムから取り残され、「声を奪われた」「新たなマイノリティ」とでもいうべき存在になっている（ゲスト 2019）。そして彼らの一部は、実はオピオイド系の薬物の利用者となって苦しんでいるという皮肉な実態もある。

以上のような状況を踏まえて、本書はしばしば「犯罪大国」と称されるアメリカの〝いま〟を解明する。[1] アメリカでは、犯罪問題に対する対応が党派的な分断を招いている。だが、その

（1）「犯罪大国」というのは、多分に比喩的な表現である。もし、犯罪大国なるものが存在するならば、犯罪小国や犯罪中国も存在するということになるはずである。だが、そのような表現を見かけることはない。とはいえ、犯罪大国という表現は人々の心を

実態を解明する研究は必ずしも蓄積されてきていない。そこで本書は、アメリカの犯罪問題を政治学の観点から分析しようとするものである。

犯罪問題をめぐっては、刑事法を専門とする犯罪学者による研究や、社会学者による研究が行われてきた。だが、前者は法律解釈との関連で犯罪問題をとらえることが多く、そもそもその前提となる犯罪政策がどのような政治的背景を踏まえて作られたのかを明らかにしているわけではない。また、後者の研究は、犯罪を生み出す社会経済的背景について重要な指摘を行っているものの、アメリカにおいて犯罪が激化している背景に政治的な要因があることに関する考慮を行っていない。政治学のアプローチを採用する本研究は、それらの先行研究における問題点を克服しようとしている。

本書のもう一つの特徴は、犯罪問題を連邦制や政党政治との関係で論じようとするところである。警察に代表されるアメリカの法執行機関は独特の性格を持っている。地方警察が取り締まりの中心となる一方で、連邦レベルでは連邦捜査局（ＦＢＩ）や麻薬取締局（ＤＥＡ）などが独特の役割を果たしている。それら法執行機関がどのような関係に立っているかを解明するためには、制度論的な観点のみならず、連邦と州以下の政府の政治的関係を踏まえた理論枠組みを構築する必要がある。

それに加えて、先に指摘したとおり、犯罪をめぐっては都市とその他の地域の対立の問題がある。アメリカの二大政党は、民主党が都市部を、共和党が農村地帯を基盤としており、郊外の票をめぐって競争している。そして、民主党が優位に立つ都市部の多いリベラルな州（ブルー・ステイト）と、共和党が優位する農村部の多い保守的な州（レッド・ステイト）の対立が、連邦制の問題とも相まって、犯罪対策をめぐる政治を複雑なものにしているのである。

本書の構成は、以下のようになっている。

第一章は、本書全体の前提となる犯罪政策の概要を示すものである。地方警察を中心としていたアメリカの犯罪取り締まり政策に連邦政府が関与するようになると、地方政府と連邦政府の間で犯罪政策のあり方について相違が顕著になってきた。その相違が、アメリカの連邦制とどのように関連しているか、今日のアメリカ政治の分極化や対立激化とどのように関連しているかを示すのが第一章の目的である。

「都市の犯罪抑止政策」と題する第二章は、ニューヨーク市等で実施されてきた「割れ窓戦略」と呼ばれるものの検討を通して、都市社会の犯罪問題とそれへの対応を分析する。ジョージ・L・ケリングとジェイムズ・Q・ウィルソンにより提唱された「割れ窓理論」は、アメリ

とらえる表現でもある。そこで、本書では犯罪大国という表現を、分析概念ではなく象徴的な表現として用いることにしたい。

カの大都市で実践される中で「寛容度ゼロ政策」と性格を変えていき、マリファナを中心とする麻薬取り締まりの厳格化などを正当化する理論とされた。それが、黒人や中南米系を対象とする人種的プロファイリングと大量投獄につながり、犯罪問題をめぐる二大政党の対立激化を促したのだった。

第三章では、アメリカの犯罪問題を象徴する銃の問題を扱う。アメリカの世論は穏健な銃規制を求めているにもかかわらず、実際には銃規制は進展していない。その理由を、合衆国憲法の規定と反政府の伝統、都市と農村の対立、全米ライフル協会（ＮＲＡ）の政治力と関連させつつ検討する。そして、銃規制をめぐる対立が二大政党間で顕著になっている理由と、二〇二〇年大統領選挙との関連についても検討する。

第四章では、今日大問題となっている麻薬問題を扱う。一九七〇年代以来、歴代の共和党政権は「対麻薬戦争」を掲げてきたにもかかわらず、麻薬取り締まりは成功してこなかった。その理由を、麻薬取り締まり政策の政策的特徴と関連付けながら検討する。

第五章と第六章では、不法移民をめぐる政策と対立について検討する。第五章では不法移民の取り締まりを通して、アメリカの対テロ政策と犯罪取り締まり政策とが収斂しつつあることを明らかにする。実態としては不法移民がアメリカの犯罪率を上昇させているわけではないにもかかわらず、なぜ連邦政府が不法移民取り締まりを強化させるのかを検討するのが、第五章の課題である。

そして、トランプ政権下では、連邦政府と共和党が不法移民取り締まりを州や地方政府に強く要請するのに対し、民主党が優位に立つ多くの都市は不法移民取り締まりを拒否する「聖域都市」として行動するようになった。このような状況が発生している理由は何かを解明するとともに、アメリカ政治の分極化と対立激化が犯罪問題をめぐって顕著になっていることについて、第六章で検討を行う。

最後に終章では、二〇二〇年以降に顕著となったブラック・ライヴズ・マター運動や警察改革の動きについて検討する。警察官による黒人に対する暴力行為が頻繁に発生するのが問題であることは論を俟たない。ただし、警察の側にもそれなりの事情と理屈は存在している。警察による暴力を根絶するのが困難なことの背景には本書で論じる様々な問題が絡み合う形で存在しており、道義的な批判や単純な解決策ではこの問題を解決することはできないことを説明することにしたい。

本書がアメリカの犯罪問題のみならず、アメリカの政党政治や社会の特徴に関する理解の深化にとって有益な情報を提供することができるならば、誠に幸いである。

目次

第一章

犯罪対策の強化

左上から時計回りで、リチャード・ニクソン、ロナルド・レーガン、ビル・クリントン、ジョー・バイデン
左上、右上、右下：public domain
左下：wikipedia（CC BY-SA 2.0）

一　福祉国家から刑罰国家へ？

　第二次世界対戦以後の政治を特徴付けていた高度経済成長が一九七〇年代に終焉を迎えて以降、アメリカではニューディール型の福祉国家の危機が叫ばれるようになった。そして今日、一部の論者によって、アメリカはニューディール型の福祉国家から〝クライム・ディール〟を特徴とする刑罰国家へと変化したといわれている（Simon 2008; Lópes & Simon 2008）。

　二〇〇九年三月にピュー・リサーチ・センターが発表した調査結果によれば、二〇〇七年末の段階でアメリカの成人の三一人に一人に当たる七三〇万人が受刑状態（執行猶予や仮釈放中の者を含む）にあった。一九八二年の段階では受刑者数は二二〇万人で成人の七七人に一人であったことを考えると、アメリカの受刑者数が大幅に増大したことが理解できるだろう。全世界の人口にアメリカ人が占める割合は五％だが、受刑者に関してはその二五％を占めているという。その結果、刑事司法関連支出は、連邦、州、地方の全てのレベルで軒並み上昇しており、四七〇億ドルが投じられている。この二〇年で刑事司法関連費用の伸び率は、メディケイドについで二位となっている(1)。

　このように、近年のアメリカでは福祉分野に向けられていた政治的、財政的資源が刑事司法の分野に向けられるようになっている。その背景には、主として連邦政府や州政府を中心に主導された保守的な刑事政策の展開があるといわれている。その一方で、連邦や州と比べてアメリカの地方政府には厳罰主義的な犯罪政策を必ずしも支持していない場合もある。本章は、連邦や州における動向と、地方政府や地域コミュニティにおける動向の双方に目を配りつつ、近年のアメリカの犯罪政策が変化した理由を解明することを目的としている。

これまでの議論

アメリカの刑事司法関連支出が増大しているのはなぜだろうか。この問いをめぐっては様々な議論が提起されてきたし、様々な仮説が考えられるだろう。まずは先行研究の多くで指摘されている事柄について検討しておきたい。

第一に、刑事司法関連支出の増大は、犯罪率が上昇した結果だという仮説が考えられる。これは多くの人の直観に最も適った仮説だといえるだろう。だが、この仮説は当たっていない。アメリカの犯罪関連支出が高まっている時期は、むしろ犯罪率が減少している時期に該当しているためである。

連邦捜査局（ＦＢＩ）の統一犯罪調査（ＵＣＲ）によれば、アメリカの犯罪率は一九六〇年代、七〇年代、八〇年代を通して上昇しているものの、一九九〇年代には減少している。この九〇年代に刑事司法関連支出は増大しているのである。ただし、ＵＣＲは各地の地方警察が独自に集めた犯罪データをＦＢＩが集計したものであり、どの犯罪事例をデータとして記録するか、また、事例をどの犯罪として記録するかの判断が地方警察によってなされているため、データとしての信頼性は必ずしも高くない。前者は暗数の可能性を念頭に置かねばならないし、後者については、例えば、裁判所が殺人と判断した事例でも、警察が事故死と判断すれば殺人事件として記録されないなどの問題が発生するからである。また、連邦司法省が犯罪統計の精度向上のために地方警察に対して犯罪統計を記録するための支援を一九七三年に開始したことを考えると、七〇年代と八〇年代に犯罪率が上昇したのは、それまでは十分に記録されていなかった犯罪がしっかりと記録されるようになった結果だと解釈することも可能かもしれない。これらのことを考えると、ＵＣＲのデータに依拠して分析を行うのは必ずしも適切でない（**Chambliss 2001, chap.2**）。

それに対して、近年、犯罪被害者調査（ＮＣＶＳ）の結果が重視されるようになっている。そして、こちらのデータによれば、凶悪犯罪の発生率は都市によりばらつきがある一方で、財産犯の発生率は七〇年代半ば以降ほぼ一貫して下がっている。これらのデータを見ると、犯罪

（1）“One in 31 - The Long Reach of American Correction,” Pew Center on the States, available online at 〈http://www.pewcenteronthestates.org/uploadedFiles/PSPP_1in31_report_FINAL_WEB_3-26-09.pdf〉.

率が上昇したから犯罪関連支出も上昇したという説明には問題があることがわかる（Chambliss 2001, chap. 2）。

第二に、アメリカの犯罪率が国際的に見て高いことがアメリカの犯罪関連支出が高い理由、とりわけ収監率が高い理由だという可能性もある。しかし、犯罪統計を具《つぶさ》に見てみると、その議論も単純に過ぎることがわかる。

犯罪統計の国際比較を行う際には、犯罪認知件数に関するデータと犯罪被害者調査のデータが用いられることが多い。そのうち、前者については先に記した問題に加えて、国家ごとに異なる方法と基準でデータが集められているので正確な比較ができない。例えば大麻の利用を違法と見なすかどうかは国により異なるし、国によっては、犯罪認知件数ではなく、実際に有罪判決を下された件数を記しているところがあるからである。

他方、犯罪被害者調査のデータからわかるのは、アメリカは殺人事件の発生率（人口当たり発生件数）は他の先進国と比して高いものの、財産犯など比較的軽微な犯罪の発生率は平均的なことである。アメリカの収監率は他の先進国に比べて六倍から一〇倍の高さを示しているが、アメリカで収監されている人々の大半が比較的軽微な罪を犯した者であることを考えると、先の説明が必ずしも妥当でないことが理解できるだろう（Beckett & Sasson 2004, 19-22）。アメリカは死刑を存続させていることで先進国の間で例外的な存在と見なされているが、財産犯や麻薬取引、秩序違反行為に対して重大な刑罰が科される点においても例外的である（Lynch 1995, 11）。その理由を解明する必要があるといえるだろう。

第三に、民主政治の論理に従えば、犯罪問題に対する世論の高揚をうけて政治家が犯罪関連支出を増大させたとも想定できる。しかし、キャサリン・ベケットとシオドア・サッソンは、そのような関係を見いだすことができないことを明らかにしている。彼らは、一九六〇年代のリベラル派主導の改革に反発して厳罰化を求める政治家と、同じく厳罰化を求める犯罪被害者の権利擁護運動の存在、そして、犯罪被害者の問題を積極的に取り上げたメディアの報道をうけて結果的に厳罰化推進の世論が形作られたことを、明らかにしているのである（Beckett & Sasson 2004）。

最後に、近年のアメリカの刑事司法関連支出の高まりは、イデオロギー状況の変化を反映しているという説がある。アメリカとイギリスを対象として行われた著名な研究でデイヴィッド・ガーランドは、一九八〇年代以降の新しい犯罪政策は、六〇年代と七〇年代の社会的混乱やインフレ、犯罪率の上昇への対応として提起されたと論じている。六〇年代と七〇年代の社会状況は両国ともに第二次世界大戦後の戦後秩序と、またアメリカではニューディールと結びつけて理解されていることを考えると、八〇年代に登場した新しい刑罰国家はそれらの否定の上に立って構築されたとも考えられる。社会的にリスクを管理するのではなく、個人の責任を重視して懲罰的な対応をすることで犯罪を抑止しようとする保守的な性格が強いとしている（Garland 2002）。

本書は、〈イデオロギー状況が変化した結果、アメリカの刑事政策が変化した〉という議論に賛同する。その上で、イデオロギー上の変化が具体的にどのようなメカニズムに基づいて政治過程を変化させているのか、また、政策の次元につながっているのかを解明する。その際、以下に述べるように、全国的な世論を作り上げている連邦政界や州政府の動向と、犯罪に直面している地方政府や地域コミュニティの動向を検討した上で、それらがどのように関連・相互作用し合っているのかを考察することにしたい。

犯罪政策の「連邦化」

先行研究の多くは連邦政府の動向に力点を置いて、アメリカの犯罪政策が強化されてきたことを明らかにしてきた。しかし、連邦制を採用するアメリカでは、犯罪政策の実態を明らかにする上で連邦政府の役割にのみ着目していても不十分である。歴史的に連邦政府は犯罪政策に関する権限を持たないと考えられてきた。実際、犯罪取り締まりを行う警察は地方警察を基本としており、連邦政府の警察機構であるＦＢＩが通常の犯罪に対する取り締まりを行うことは想定されていないのである。

政治学者のリサ・L・ミラーは、ジョージ・H・W・ブッシュ政権期のウィード&シード（雑草を取って種を蒔く）と呼ばれる連邦プログラムがシアトルでどのように執行されたかを明らかにした研究の中で、連邦政府と地方政府が犯罪に対して全く異なった対応をとったことを明らかにしている。単純化して述べるならば、連邦政府では犯罪者に厳格な対応をとることが求められて犯罪予防には力点が置かれないのに対し、地方政府では厳罰化よりも犯罪予防に力点が置かれるのである。連邦政府の犯罪政策が保守的な性格を帯びているのに対し、地方政府の犯罪政策はリベラルな性格を帯びているということもできるだろう（Miller 2001）。

アメリカの街頭犯罪が主に都市部で発生していることを考えれば、犯罪問題の主戦場である場所で支持されることの多いリベラルな政策が、犯罪問題に直接関与することが多くない州や連邦の政治アクターによって否定され、アメリカ全体で厳罰化が進行している理由を解明することは、政策の実効性を高める観点からも必要になる。本書は、近年の犯罪政策で連邦政府が重要性を増しつつあることを「連邦化」と呼び、それを前提としつつも、なぜ連邦と地方で異なった政治が展開されるのかという問題に焦点を当てる。具体的には、犯罪問題が地方政府と州政府、連邦政府それぞれでどのような意味を持っているかを解明した上で、アメリカの犯罪政策が強化されつつある理由を明らかにする。

二　犯罪政策をめぐる政治

犯罪政策の枠付け

犯罪などの社会問題については多様な解釈を施すことが可能であり、そのとらえ方、枠付けの仕方によって全く異なった政策的含意が導き出される。例えば、犯罪率の上昇が景気悪化の帰結と解釈されれば、経済対策をとることが重要と見なされる。地域社会崩壊の結果と見なされれば、地域活性化が政策課題となる。また、警察力低下の帰結と見なされれば、警察力増大が重要となる。犯罪問題に関連する政治的主体は自らにとって都合の良い解釈がなされるように、問題を枠付けようとする。犯罪問題については、研究者の間でも犯罪発生原因に関する見解が一致していないこともあり、社会科学的な研究結果よりも政治的主体によるフレイミングの巧みさが、政策を方向付けてきたといえる。

具体的には、犯罪政策の対象がどのように認知されているかが、政治家が有権者の支持獲得を目指す上で重要になる。罪を犯した者が、社会の構造的問題の被害者と見なされるか、問題のある個人と見なされるかで、政策的含意が異なってくる。リベラル派は前者の立場を、保守派は後者の立場をとるだろう。これとの関連で、メディアが犯罪問題をどのように枠付けるかも重要になる。

また、犯罪問題について論じる際には、誰に焦点を当てるかによって問題のとらえ方が異なってくる。例えば、刑事司法機関に焦点が当てられる場合には、財源をどのように分配するかが焦点となる。また、犯罪被害者に焦点が当てられると、被害者救済や厳罰化が争点になりやすいのに対して、犯罪発生原因に注目が向く可能性は低下する。このように、焦点の当て方によって問題のとらえ方、ひいては、政策の内容が大きく変わってくるため、発言力のある政治家やシンクタンクが問題をどのように評するかが重要な意味を持つといえよう。

連邦・州政府と地方政府・地域コミュニティにとっての犯罪政策の意味

犯罪をめぐる政治は、街頭犯罪に直面している地方政府や地域コミュニティと、実際には犯罪にあまり直面しない連邦政府や州政府とでは、異なった形で展開される（Miller 2008）。治安は公共財としての性格を持つため、選挙の時に人々を動員する争点としてはあまり役に立たない。治安が維持されていても、人々はそれを当然のこととしてとらえて、投票によって積極的にその状態を支持しようとは考えないだろう。しかし、治安維持に失敗すると有権者から大きな反発を招くため、犯罪政策は相手を非難するために使う争点としては都合がよい。

この傾向は、連邦や州のレベルでとりわけ顕著である。犯罪率の低い地域が多い連邦や州の政治においては、犯罪は有権者が日常的に接する問題ではなく、報道などを通して知る抽象的脅威に過ぎない[2]。メディアで取り上げられるのは犯罪多発地帯で日常的に発生している犯罪よりも、主に白人の女性や子どもなどの無辜の市民が面識のない者によって殺されるなど、衝撃的で特異な犯罪であることが多い。犯罪の現場から離れたところで、有権者の抽象的な不安やパニックに対応する上では、人々の懸念を操作可能なわかりやすい対立に還元して、単純でわかりやすい対策を示すことが重要になる。とりわけ、無辜の市民に危害を加えた者を厳罰に処するなど、犯罪に厳格な立場を表明することが、名声を得たい政治家にとっては重要になる[3]。

これに対して、地方政府の政治家は身近に発生するあらゆる問題を扱うことが期待されている。都市部の人々、とりわけ貧困者や人種的マイノリティが犯罪被害に遭う可能性が高いのであるが、彼らが政治家に犯罪問題を提起する際には、貧困や雇用、住宅、教育などの、生活の質に関わる広範な問題と関連付けることが多い。これらの問題は多くの場合、再分配政策の対象でもある。犯罪問題の根底にある複雑な問題に対応する上では、連邦や州政府の政治家のように問題の原因を単純にとらえてわかりやすい対策をとることは可能でないし、妥当でもない。むしろ、問題の複雑さを率直に認めた上で、できるだけ多くの問題にプラグマティックに対応することが求められることも多い。

その結果、連邦や州では厳罰化が推進されるのに対し、地方レベルでは厳罰化志向は必ずしも強くない。地方レベルでは日常生活において被害者となるリスクを下げることが最も重要だからである。また、犯罪に関与した者の家族が地域に居住していることも多く、処罰された人がいずれ地域に戻ってくることが想定される状況では、彼らに厳罰を科すのは長期的に見て必ずしも得策でない。人種的プロファイリングなどが行われる状況では、人種的マイノリティはその犠牲となる可能性もある。厳罰化よりも、犯罪予防や、犯罪被害者に対するケア、犯罪加害者の社会復帰策を充実させる方が、地域コミュニティにとっては重要になる場合も多い。

このように、連邦や州のレベルと、地方や地域のレベルでは、望ましいと考えられる犯罪政策が異なっているため、展開される政治も異なってくるのである。

犯罪政策に関するアクター

①利益集団　連邦政府や州政府と、地方政府や地域コミュニティとでは、活動する政治主

(2) アメリカで実際に犯罪被害に遭った人の割合はさほど高くないし、大多数の人々は自らの居住地域は安全だと考えている。これは、人々の犯罪に対する不安がメディアによって惹起されていること、自らの居住地域と犯罪多発地帯を明確に区別していることを意味している (Chambliss 2001, chap. 1 & p. 28)。

(3) ナンシー・マリオンは、連邦政府における犯罪をめぐる政治について、政策の詳細よりも注目のされやすさ、わかりやすさが重要だと論じ、それをシンボリック・ポリティックスと呼んでいる (Marion 1997)。

体も異なってくる。『連邦制の危機』と題する著作でミラーは、連邦政府、州政府（ペンシルヴェニア州）、地方政府（フィラデルフィアとピッツバーグ）の議会で、どのような利益集団が公聴会で発言の機会を与えられたかを整理するとともに、どのような利益集団が活発に働きかけを行っているかを明らかにしている。議会公聴会でどの政治主体に発言の機会を与えるかは、議論が犯罪のどの側面をめぐって展開されるかを規定する点で重要となる。また、利益集団の活動のあり方は、各政府でどのような利益関心が表出され、政治家によって重視されるかを理解する上で重要な意味を持つ（Miller 2008）。

ミラーによれば、連邦や州の議会では、単一争点を扱っていて組織力と資金力のある利益集団や刑事司法機関が積極的に活動しているとともに、公聴会等でも意見を表明する機会を多く与えられている。他方、広範で拡散した問題を扱う市民団体は積極的に活動しておらず、公聴会で発言の機会が与えられることは稀である。例えば、一九八〇年代と九〇年代に連邦議会の公聴会に呼ばれた市民団体のうち六六％を、銃規制関連団体、女性と子どもの被害者の利益を代表する団体、市民的自由連盟（ＡＣＬＵ）という三種の団体が占めている。これらの団体が繰り返し公聴会に呼ばれているのに対し、他の団体は公聴会に呼ばれたとしても一度限りであることが多い。単一争点を扱う利益集団や刑事司法機関は長期にわたって議会の議題設定に関わり続けているが、市民の利益関心を適切に代表しているとは限らず、市民の中の極端な主張を体現しているのに過ぎない場合もある。

それに対し、市民の広範な利益関心を代表する市民団体は、地方政府や地域コミュニティでは大きな影響力を持っているものの、連邦の政治で発言力を持つことは少ない。犯罪問題を扱う市民団体は地域を基盤として組織されることが多く、その財政的基盤も概して脆弱である。地域を基盤とした団体が、地域で発生する諸問題について漠然とした懸念を表明した場合でも、地方の政治主体は積極的に対応する可能性が高い。

他方、連邦や州の政治家にこれらの市民団体が積極的に働きかけるのは容易でない。また、連邦や州の政治家は実際の犯罪からは地理的にも心理的にも距離があるため、これらの団体の訴えに積極的に耳を傾けるインセンティブは弱い。麻薬や犯罪予防などの地域レベルで問題となる争点について連邦や州の議会で公聴会が開かれる場合には、地域住民の代表ではなく刑事司法機関の代表者が招集されることが多い。だが、刑事司法機関は公聴会で、地域が抱える問題よりも、資金上の制約などの自らの組織にとっての優先事項や、自らの機関が新たに採用しようとしている取り組みについて説明するのが一般的である（Feeley & Simon 1994）。

ＡＣＬＵは厳罰化を推し進める刑事政策に歯止めをかける役割を果たすとともに、市民的自由の実現を目指して活動していると考えられている。しかし、彼らの活動は取り調べの適正化や死刑反対などの個別の問題に力点が置かれることが多く、時間の限られた公聴会での主張もそれらの点に絞られることが多い。ＡＣＬＵが被告人の権利に力点を置いた戦略をとる結果として、都市住民の生活とはかけ離れた形で政治における課題が狭く規定される可能性も高い。ＡＣＬＵが意図的に厳罰化を促進しているわけではないものの、犯罪加害者個人に焦点を当てて社会の広範な問題から焦点をそらしている点で、厳罰化の言説が発展するのを結果的に側面から支援しているといえよう。

以上の結果として、連邦や州の政治では、地域レベルで懸案となっている問題についても、地域で求められるのとは異なる形で課題が設定されてしまう。そして、単一争点を掲げる利益集団のわかりやすい主張とより多くの資源を求める刑事司法機関の主張に基づいて、既存のプログラムを強化する犯罪政策が採用されることになるのである。

②検察官　以上述べたように、連邦と州のレベルでは厳罰化に代表される保守的な政策が採用されやすいのに対して、地方や地域のレベルではリベラルな取り組みがなされることが多い。しかし、地方政治においても、厳罰化を促進するインセンティブを持つ政治主体が存在する。被告人を訴追する権限を持つ検察官である（Simon 2007, 33-44）。

アメリカの検察官は選挙で選ばれるのが一般的なため、世論の動向を反映して行動する必要がある。また、検察官は高位の公職を目指す者が足掛かりとして利用することも多い。それ故、世論が被害者に同情的な場合には、被害者と一体化して加害者を非難し、厳罰を要求することが有権者の支持を集める上で得策になる。また、検察官は被害者に徹底的に肩入れすることが多い。彼らからすれば、中立を原則とする司法は加害者寄りに偏っていると映るため、裁判所を批判することが重要な戦略となる場合もある。世論が保守化する中では、検察官も刑事司法の保守化を促進する役割を果たすのである。

アメリカの検察官は市長選挙や知事選挙とは独立して選出されるため、市長や知事とは政治的立場を異にする場合も多い。それ故に、市長が厳罰化に反対の場合でも、検察官が厳罰化を求めて訴追することは十分にあり得る。ここから、地方のレベルでも保守的な犯罪政策が採用される可能性が生まれるのである。

三　連邦政府の権限増大と連邦政府・州政府における保守派の主導

犯罪問題の登場

繰り返し述べているように、アメリカの連邦政府は憲法上犯罪政策を管轄しておらず、犯罪に対処するための実行部隊を持っていなかった。実際、一九世紀には暴動などに対応するために地方政府が連邦政府に協力を要請しても拒絶されることが多かった。ニューヨーク市警察委員の経歴を持つシオドア・ローズヴェルトのように、連邦レベルで犯罪対策に積極的に取り組もうとした大統領もいたが、あくまでも例外にとどまっていた。(4)

このような中で、連邦レベルで犯罪問題に注目を集めさせたのは、連邦上院議員であったバリー・ゴールドウォーターである。一九六〇年代初頭、民主党のジョン・F・ケネディ大統領が公民権法の制定に向けて強い意思を示したのに対し、共和党と南部の民主党員は反発した。その有力者であったゴールドウォーターは、保守派の支持を得て一九六四年大統領選挙の共和党候補となったが、「法と秩序」というスローガンを掲げて犯罪を中心的争点に据えた。当時、「最も重要な争点は何か」を問う世論調査の項目に犯罪が含まれていなかったことからも明らかなように、国民の間に犯罪不安が高まっていたわけではなかった。しかし、彼のレトリックは、社会変革のペースと内容に不安を感じる一部の白人有権者の注目を集めた。ゴールドウォーターは黒人や公民権運動を犯罪と結びつけ、社会の混乱は犯罪者に寛容なリベラル派、公民権運動活動家、民主党に原因があると主張した。保守派の政治家は、リベラル派の影響力が強い時代にあっても、犯罪問題を強調すれば支持を獲得できることを学んだのである。

一九六四年の大統領選挙は民主党のリンドン・ジョンソンの大勝利に終わり、ジョンソン政権は偉大な社会の建設を目指して社会福祉を拡充する政策をとった。一九六〇年代半ばには、リベラル派と保守派は社会福祉と犯罪について、全く異なった見解を示していた。リベラル派は、犯罪などの逸脱行動は社会の構造的問題に起因しているとし、人種的不平等を解消し、若者に機会を提供すれば問題は解決できると主張した。罪を犯した者への対応も社会復帰を前提とした再教育が中心に据えられるべきとされた。他方、保守派によれば、貧困も犯罪も諸個人の選択の結果であり、人種差別や住宅の欠如、低賃金等は犯罪の原因ではないとされ、貧困者に寛容な態度をとることは問題を悪化させると主張された（Katz 1989）。

このような保守派による批判は徐々に支持を得るようになっていったため、リベラル派も譲歩を迫られた。ジョンソン政権も一九六五年に法令執行支援事業団（ＬＥＡＡ）などを創設した。ジョンソンは犯罪問題を広い政治経済の枠組みでとらえていたため、法執行機関の人員の訓練と犯罪者の矯正のための予算の増額を求め、連邦議会もそれを支持した。また、一九六七年に路上安全・犯罪統制法を提案し、犯罪対処のための計画、技術支援、調査活動を行うために、連邦政府から地方警察への財政援助をアメリカ史上初めて行おうとした。

この法案は一九六八年六月に通過したが、名称が「犯罪統制・路上安全に関する包括法」に変更されたのみならず、五つの重大な変更が加えられた。第一に、補助金の給付対象が地方政府ではなく州政府になった。第二に、資金が調査や警察官の訓練にではなく、暴動取り締まり

（４）犯罪政策に関する連邦政府の役割増大については、Marion (1994)、Oliver (2003) を参照。

部隊創設のために割り当てられた。第三に、連邦の機関や地方警察が裁判所の許可を得ることなく通信傍受をできるようになった。第四に、裁判所は自白が自発的だったか否かを判断する上で、自白強要の有無以外にもあらゆる事情を考慮することができるようになった。第五に、法執行機関は、差別を行った機関に対する連邦の補助金交付を禁じた公民権法の規定の例外とされた（Chambliss 2001, 15-19）。かくして、この法律はジョンソン政権が意図したよりも保守的な性格を帯びるとともに、連邦政府が犯罪の分野で役割を果たす法的な根拠を与えたのである。

なお、この法律が成立した年の四月にはマーティン・ルーサー・キングJr.が暗殺されていた。同年八月に行われた世論調査でアメリカの最も重要な問題が問われた際、犯罪関連事項をあげた人は二九％に急上昇したが、翌年の調査では八％に減少した。これは、世論が直近の出来事に応じて大きく変化すること、また、アメリカ社会で犯罪不安がさほど高くなかったことを示しているといえるだろう（Chambliss 2001, 19-20）。

連邦政府の権限増大

ゴールドウォーター以降、共和党の大統領候補は犯罪対策を一大争点に据えた。共和党の政治家は、公民権運動に消極的な南部白人と黒人という対立する支持者を含んでいたニューディール連合に亀裂を入れ、南部白人の支持を獲得するために、「法と秩序」というスローガンの下、犯罪問題を象徴的に用いるようになった（Phillips 1969; Carter 1996; 松尾 2019）。だが彼らも当選後は、ワシントンＤＣ以外の地域では連邦政府には犯罪問題に対応する権限がないという立憲上の制約に直面した。他の争点と同様、犯罪についても連邦政府が行使しうる権限は限定されていたので、連邦政府は権限を増大させようとした。その際に積極的に活用されたのは、組織犯罪への対応と「対麻薬戦争」であり、法的根拠とされたのは合衆国憲法に規定された州際通商条項だった。複数の州にまたがる活動を特定の州の法律に基づいて律するのは妥当性に欠ける。組織犯罪も麻薬もともに州を越えて行われていたため、州ではなく連邦政府が扱うのが妥当とされたのである

リチャード・ニクソン大統領は、組織犯罪の問題を全面に掲げた。彼は組織犯罪対策のために通信傍受を幅広く認めるよう司法長官に促すとともに、連邦議会に組織犯罪統制法（ＯＣＣＡ）の立法を求めた。一九七〇年に成立したこの法律は、大陪審の権限を大幅に増大した。また、目撃者に部分的免責を与える代わりに証言を強制することができるようにもした。また、大陪審開廷中に限り、非協力的な目撃者を収監する権限を連邦地方裁判所に与えた。ＯＣＣＡは麻薬で逮捕された者とその親の財産を検察官が差し押さえることも認めている（Chambliss 2001, 23-24）。

またニクソンは、一九一四年に制定されたハリソン麻薬法を根拠として、刑事司法の領域に

おける連邦政府の権限を拡大しようとした。麻薬は売春と同じく被害者なき犯罪と位置付けられており、それを違法化するのが妥当かについて論争がある。しかし、ニクソンは麻薬がアメリカの都市問題、社会問題の根底にあると強調して、「対麻薬戦争」を宣言したのだった（Zimring & Hawkins 1992）。

一九七〇年代後半は連邦政界で犯罪について論じられることはほとんどなかったが、一九八〇年の大統領選挙で犯罪は再び主要争点となった。「貧困との闘い」政策を推進するリベラル派は、人々は社会的上昇等の機会を阻まれると犯罪に着手するようになるとの前提を置いていた。だが、共和党候補であったロナルド・レーガンの主張によればそれは誤りで、リベラルな犯罪政策と福祉プログラムこそがアメリカの犯罪率を上昇させているという。当時の保守派は政府の目的と機能の再構成を目指しており、政府が社会福祉支出を削減して刑事司法関連の支出を増大させる方が、むしろ貧困者を救うことになると主張したのである(5)。

レーガン政権期には麻薬問題関連支出が増大したが、そのうち治療や予防に割かれる割合は減少していった。一九八五年までに、麻薬問題に対して配分された資金の七八％が法執行のために用いられ、治療と予防に回されたのは二二％にとどまった。なお、レーガン政権が対麻薬戦争を宣言するまで、世論は麻薬問題に強い関心を示しておらず、麻薬取り締まりのために法を厳格に執行するべきとの見解も支持していなかった。麻薬取締局のニューヨーク支局長を務めていたロバート・スタットマンは、麻薬を全国的争点とするためにメディアを活用したと証言している。実際、一九八五年の後半にニューヨーク・タイムズ紙に掲載された麻薬関連記事数は四三に過ぎなかったのが、翌年の後半には二二〇に増加している。レーガン政権は麻薬問題を全国的争点として取り上げ、麻薬に厳格な世論を作り上げた上で、一九八六年に薬物乱用防止法を制定したのである。この法案は二年後に、五グラム以上のクラックの所持で初犯となった者にも五年以上の実刑を科すなど、さらに厳罰化された。この法案も世論の高揚を背景として作られたように見えるが、その世論は政権が意図的に作り上げたものだったのである（Beckett & Sasson 2004, 60-63）。

犯罪に対する言説の変化

①犯罪被害者の権利擁護運動

犯罪をめぐる言説の中では、被害者は無辜の者として、また加害者は絶対的な悪として語られることが多い。そして、一九六〇年代以降、アメリカの犯罪政策の厳罰化を導いた要因として、被害者の権利擁護運動の隆盛があげられる（Beckett &

（5）一九八一年の世論調査では大半の人が、失業が犯罪の主要原因だと回答している。また、一九八二年の世論調査では、五八％が犯罪の主要原因として失業と貧困をあげているのに対し、寛大な裁判所が主要原因だと回答した人は一二％である。しかし、時の経過につれて、世論は懲罰的な傾向を示すようになっていく（Beckett & Sasson 2004, 57-60）。福祉と犯罪の関係についてのレヴューとして、Hannon & DeFronzo 1998, 383-392.

Sasson 2004, 140-148; Shapiro 1997, 11-19)。

近代国家における公法の基本原則は、国家の恣意的な権力行使から個人を守ることにある。歴史上、国家権力が政敵を犯罪者として恣意的に取り締まるなどした例は枚挙にいとまがない。そこで、近代の民主主義国では、いかなる人が被告とされた場合でもその人権を擁護すると定めることが、国家権力の乱用を防ぐ上で必要だと考えられるに至った。アメリカでも裁判所は被告の権利を守るための判決を下してきた。その一方で、犯罪被害者は刑事訴訟の証拠として扱われ、その救済は進められてこなかったのである。

被害者の権利擁護運動は、加害者に様々な法的保護が与えられる一方で被害者に救済がなされないことの不正を糾すべく、開始された。また、一九六〇年代に連邦最高裁は黒人や女性などに法的権利を認めるようになったが、これらの〝権利革命〟により権利に目覚めた女性が、強姦や家庭内暴力の被害者を救済するべく社会運動を組織した。「飲酒運転に反対する母の会」などの問題提起型の社会運動も組織されるようになった。

犯罪被害者支援は、政府にとっても利点があると考えられた。犯罪被害者が被害届けを出さなければ、特に親告罪については、現行犯を除いて犯罪者を取り締まることができない。また、裁判時に被害者が証言を拒めば訴訟が円滑に進まない。そのような状況を回避するべく、LEAAは一九七〇年代初頭に被害者や目撃者を支援するためのプログラムを策定していった。このような資金援助が被害者支援団体の活動を活性化したのである。

被害者が支援をうけるのは当然の権利であるとする議論は、社会的な支持を得るようになった。中には、加害者に厳罰を科すことは被害者の権利ないし利益であると主張する人も登場した。加害者に罰則を科すことと、被害者に利益を与えることは、本来別個のものである。しかし、両者は結びつけて論じられるようになっていった。

一九八〇年にLEAAが解散して以降、犯罪被害者法に基づいて作られた犯罪被害者基金と州政府を介して支給される連邦政府からの補助金が、被害者支援運動の大きな資金源となった。重要なのは、連邦政府からの援助金は、犯罪加害者に科された罰金を基礎としていることである。また、多くの州政府も犯罪者に対する罰金や没収財産、囚人の労働賃金から支援金の一部を捻出している。このような資金的措置をとる限り、厳罰化の趨勢が逆転すれば犯罪被害者に対する給付金が減少してしまうので、犯罪被害者支援運動も厳罰化に反対することが困難になる。かくして、本来は別個のものである犯罪被害者支援と厳罰化が結びつけられ、厳罰化が正当化されたのである。

一九六〇年代に活発化した社会運動はアメリカをリベラルな方向に導いたとされることが多いが、被害者の権利擁護運動は、アメリカの犯罪政策を保守的な方向へと導いたといえるだろう。

②シンクタンク

保守的なシンクタンク、とりわけ、マンハッタン財団が果たした役割も見過ごしてはならない。マンハッタン財団から研究支援をうけたチャールズ・マレーやローレンス・ミードは、スラムの住民を、一九六〇年代におけるように社会の構造的問題の被害者と見なすことをやめ、個人の責任を問うよう主張した。また、ミードは、それらの個人が自ら建設的な生活を営むことができない以上、政府がパターナリスティックな観点から彼らの生活態度を改めるよう、指導・監督することを主張した（Murray 1984; Mead 1986; Mead 1997）。また、第四節（三三頁）で紹介する割れ窓理論という有名な犯罪抑止戦略を提唱したジョージ・L・ケリングも、マンハッタン財団の研究員となっている。マンハッタン財団は大きな資金力を背景に、刊行物の発行や講演会の開催を通して、これらの考え方を広めていった。

クリントン政権下における対犯罪戦争の激化

H・W・ブッシュは、マサチューセッツ州知事時代にウィリー・ホートンを保釈した民主党のマイケル・デュカキスを徹底的に批判して、一九八八年の大統領選挙で勝利した。殺人犯として終身刑の判決をうけていたホートンは一時帰休が認められた際に強姦事件を犯した。ブッシュは、デュカキスが死刑制度反対や殺人犯の一時帰休容認などのリベラルな立場をとっているのに対し、自らは死刑制度を支持していると主張した。これは民主党の候補に、犯罪政策においてリベラルな立場をとることは選挙で不利に働く可能性が高いことを強く認識させた。

民主党内は依然リベラル派が中核を占めていたものの、新たな民主党のあり方を模索するニュー・デモクラットと呼ばれる人々が登場していた。一九九二年の大統領選挙に際しては、湾岸戦争で九〇%を超える支持率を獲得した現職のブッシュに対抗するのは容易でないと考えた有力者が民主党の予備選挙に出馬しなかったため、ニュー・デモクラットのビル・クリントンが大統領候補となった。クリントンは犯罪に対して厳格な態度をとることを主張し、民主党の政党綱領にも「都市の秩序を取り戻すための単純かつ最も直接的な方法は、路上の警察官を増員することだ」と記された（Michalowski 1993; 西山 2020c）。

クリントンは、犯罪に対する厳格な立場を示すために、大統領選挙期間中に知事を務めていたアーカンソー州に戻って、知的障害が疑われる死刑囚への死刑執行を見届けもした。一九七六年に連邦裁判所が死刑を条件付きで容認して以降、州知事は、犯罪に対して厳格な姿勢を示す方法として死刑制度を活用するようになっている。ジミー・カーターからジョージ・W・ブッシュまでの大統領は、H・W・ブッシュを例外として皆、州知事出身者だが、大統領選挙における州知事優位の傾向も、大統領を目指す州知事が死刑制度を活用する傾向を強めたといえるかもしれない（Simon 2007, 60-67）。

民主党リベラル派はクリントンの態度を快く思っていなかった。とはいえ、ブッシュに勝利するためには党候補となったクリントンの下に結集せざるを得なかったため、クリントンの政策態度は民主党支持者からさほど強い反発をうけなかった。大統領になったクリントンは、連邦政府が警察官増員のための援助をすることを定めた暴力犯罪統制・法執行法を一九九四年に超党派で立法化した（西山 2020c）。

そして、暴力犯罪統制・法執行法の立法が目指される過程で、犯罪問題に対する世論の関心も高まっていった。国家の直面する最も重要な問題を問う世論調査で、一九九三年六月時点で犯罪と回答したのは九％だったのが、一〇月には二二％に、一九九四年一月には三二％に増大した。また、クリントンが一九九四年の一般教書演説でカリフォルニア州の三振法（有罪判決をうけるのが三度目の累犯者に重罰を科すことを定めた法律）に類する政策を連邦議会が制定するよう促すと、犯罪問題に対する世論の関心はさらなる高まりを見せ、一九九四年後期には三振法に賛成する人は七二％に達した。この世論調査結果をうけて民主党員も、刑事司法制度の拡大に賛成した。民主・共和両党ともに、犯罪政策をより厳格化するとともに警察と刑務所により多くの費用を投入することについて、見解が一致していた。ただし、（一）銃規制（民主党が賛成、共和党が反対）、（二）犯罪抑止プログラム（民主党が賛成、共和党が反対）、（三）コミュニティ・ポリシング活性化のための財政支援（民主党が賛成、共和党が反対）については見解の相違が見られた（Beckett & Sasson 2004, 66）。

また、一九九四年の中間選挙や州知事選挙で、共和党は犯罪問題を強調する選挙戦を展開した。例えばフロリダ州知事のジェブ・ブッシュはシンガポールで実施されているような体罰の導入を主張したし、テキサス州選出の上院議員であるフィル・グラハムは「凶悪犯の首根っこをつかんで刑務所にぶち込む。ホリデー・インのような刑務所の建設はやめる」と述べて「本物の犯罪政策」の導入を約束した。また、連邦議会下院の少数党院内総務だったニュート・ギングリッチは、自らが主導してまとめた下院共和党の公約集である「アメリカとの契約」で、正しい量刑、強制的最低量刑、死刑の実施などを推進するとともに、違法な手段を用いて取得された証拠を用いることに関する規制を弱めることを主張した（Beckett & Sasson 2004, 67）。共和党は、犯罪防止プログラムの有効性に疑念を呈し、その予算削減も主張した。

当該選挙の結果、共和党は連邦の上下両院と多くの州知事選挙で勝利したが、このような共和党の方針に基づいて一九九五年に議会を通過した犯罪政策は犯罪に断固たる立場をとるものであり、犯罪予防のための予算の削減も伴っていた。クリントンと民主党も、基本的には法案に賛同したのである（Beckett & Sasson 2004, 67）。

なお当時、連邦政府、州政府ともに、単に法律違反者に処罰を科すだけでなく、刑期を終えた後も彼らに制裁を科す政策を作った。例えば、連邦の法律には、前科のある者が公営住宅に住むことを禁じるものや、麻薬関連で処罰された重罪犯罪者にフードスタンプを含む福祉給付を生涯与えないと定めたものがある。また、多くの州で、重罪犯罪者は生涯にわたって選挙権を剥奪されることになった。これらの法律には、前科のある人々の社会復帰を困難にしている側面がある（Beckett & Sasson 2004, 67-68）。

さらにクリントンは、一九九九年の一般教書演説で警察官六万人の増員を約束した。だが、その恩恵をうけるためには、州や地方政府は連邦の定めたガイドライン（例えば強制的最低量刑の遵守など）を守らなければならなくなった。このようにして、犯罪政策の分野で地方政府は連邦政府の動向に従わざるを得なくなり、全米での厳罰化が促進されたのである（Chambliss 2001, 27）。

四　地方政界と地域コミュニティの動向

地方政治の変化

これまでにも指摘したように、地方や地域コミュニティでは犯罪政策をめぐって連邦や州とは異なる展開が見られてきた。しかし、一九九〇年代にかけて地方や地域のレベルにおいても、犯罪政策は徐々に保守化していくことになる。

都市において、犯罪と貧困は関連付けられてきた。歴史的に見て、都市の貧困層は、政治マシーンが取り込みの対象としていた人々だった。フランシス・フォックス・ピヴンとリチャード・クロワードは、政治家は伝統的に貧困者を統制するために社会福祉政策を用いてきたと論じている（Piven & Cloward 1971）。地域のボスが選挙区を牛耳る〝政治マシーン〟によって多くが任命されていた地方の警察官は、政治マシーンが貧困者に対して衣食住等の社会サービスを提供するのに協力していた（西山 2012a）。この慣行は、二〇世紀初頭に一般公務員制が導入されて以降弱まったものの、都市の政治家が貧困者の統制とその票の獲得を目指して社会福祉政策を実施する伝統は以後も続き、一九六〇年代に最盛期を迎えることとなった。一九六〇年代は貧困者は社会の構造的問題の犠牲者・被害者と見なされ、彼らに対して支援をすることを社会の義務だと見なす考え方が強い支持を得た。貧困者が逸脱行動をとった場合も、それを正当化する人々が多かった（西山 2008）。

しかし、この見方は一九七〇年代には支持を失っていく。その背景には、一つには、アメリカ社会でリベラル派に対する反発が強まり、保守派が影響力を増大させていったことがある。それに加えて、経済成長が止まったために社会福祉政策を縮減する必要が出てきたことも指摘できる。アメリカがポスト産業社会化しつつあった当時には、民間企業は特定の土地に縛られずに地域を移動することが相対的に容易になっていった。民間企業にとっては、税負担が高い地域や犯罪率の高い地域に拠点を置き続ける必要はないと考えられた。財源確保の観点から民間企業の支持を得なければならない地方政府は、税負担を引き下げるために社会福祉対策費用を削減するとともに、犯罪者を厳格に取り締まる必要性が大きくなったのである（西山 2008）[6]。

他方、貧困者の多くは大都市中心部のスラムに集住するアンダークラスと呼ばれる人々だと認識されるようになったが、彼らの投票率は低かったため、都市の政治家が社会福祉政策を縮小し、新たな犯罪政策を導入する上での障害にはならなかった。

割れ窓理論と割れ窓戦略

新たな犯罪政策を模索する都市政府に対してアイディアを提供したのが、一九八二年にジェイムズ・Q・ウィルソンとケリングが発表した割れ窓理論だった。「割れ窓」とは、治安の悪化を説明するためのレトリックである。もし、建物の窓ガラスが一枚割れているのを修繕せずに放置しておくと、建物を管理する者がいないと考えられて、他のガラスも割られてしまうだろう。その建物をそのまま放置しておくと、面する通りを管理する者がいないと考えられて、他の建物のガラスも同様に割られてしまうであろう。このように、小さな無秩序に対応せずにいると、より規模の大きな秩序違反行為の呼び水となり、殺人や強盗などを含む重大犯罪を惹起しかねないので、小さな違反行為にも見逃さずに対応する必要があるというのが、割れ窓理論の基本的メッセージである（Wilson & Kelling 1982; Kelling & Coles 1996）。

この割れ窓理論は、次章で詳しく検討するように、理論としての完成度は必ずしも高くない。社会の無秩序を正すのが重要なのか、コミュニティが重要なのか、予防が重要なのかを明確に示していないからである（西山 2007）。しかし、提唱者の一人であるケリングの主導により、ニュージャージー州のニューアーク市で割れ窓理論に基づくとされる戦略が採用されて犯罪率が激減したと報道された。また、ニューヨーク市交通局警察のビル・ブラットンが地下鉄を割れ窓戦略に基づいて取り締まったところ、地下鉄での犯罪率は激減した。

マンハッタン財団はケリングを研究員に加えて、割れ窓戦略の有効性を幅広く宣伝した。その研究会で割れ窓戦略に親しんでいた元検察官のルドルフ・W・ジュリアーニはニューヨーク市長に就任すると、ブラットンを市警本部長に就任させ、ニューヨーク市の犯罪を激減させた。[7] そして、アメリカの多くの都市が、ジュリアーニの成功をまねるべく、割れ窓戦略を積極的に採用し、一九九〇年代に全米の大半の大都市で犯罪認知件数は減少した。[8] クリントン大統領も

（6）国際比較研究によれば、収入の不平等の度合いと殺人事件の発生率には相関関係が見られる。この研究に従えば、社会福祉政策を縮小することは殺人事件発生率を低下させる上では逆効果となる可能性があるといえる（Messner 1989）。

（7）ニューヨーク市営地下鉄とニューヨーク市街で犯罪が減少したことは間違いないものの、その程度をどう評価するかについては議論がある。ブラットンが、犯罪件数の減少を警察署の評価基準として採用したからである。犯罪認知件数を減少させることが各警察署長にとっての最重要課題となり、犯罪認知件数を低く報告した可能性もある。

ジュリアーニら地方レベルの共和党の有力者と協力し、都市の警察官の増員に向けて資金援助をする決定をした[9]。

重要なのは、割れ窓戦略は実際には、ウィルソンとケリングが主張するのとは異なる運用がなされていたことである。割れ窓戦略を採用したと表明した多くの都市では、スラムの住民をターゲットにした大量投獄が行われていった。これは多くの場合、人種に基づいてプロファイリングが行われた結果でもあった[10]。この大量投獄戦略には、警察が積極的な活動を行っているとアピールできるとともに、潜在的な失業者の多くが投獄されているために都市の失業率が低下するという利点がある。また、被害者支援運動のところで述べたように、大量投獄戦略が正当化される背景が作られていたことも重要である。

ニューヨーク市のように、犯罪者に対する厳格な態度をとるところは、地方政府の中では例外に属していたといえるだろう。しかし、犯罪多発都市とされたニューヨーク市の成功物語が広く知られるようになると、犯罪発生に悩んでいた多くの地域でも何らかの対策をとることが強く求められるようになった。その中で多くの地方政府が、犯罪政策を厳格化するようになったのである。

この矛盾は大きく、留置所や刑務所の収容人数はその能力を超えているし、裁判所も十分に機能しなくなっている。そして、犯罪率が低下した一九九〇年代を経て、二一世紀にはその矛盾が顕在化する可能性があった。実際、二〇世紀末から二一世紀の初頭には、警察官による黒人への暴力行為や人種的プロファイリングなどの問題が顕在化していた。二〇〇一年の九・一一テロ事件と、一〇月二六日に制定された愛国者法（「テロを封じ、阻止するために必要な適切な手段を提供することにより、アメリカを統一し強化する法律」）は、そのような問題を正当化する余地を与えた（Oliver 2003）。だが、このような強硬な取り締まり政策に対する反発が、二〇一〇年代のブラック・ライヴズ・マター運動につながっていき、二大政党間の対立を激化させることになる。

（8）これは、九〇年代の厳格な犯罪政策の成功の証左とされるが、チャンブリスは、犯罪の発生率には増減の波があることに加えて、ニューヨーク市で犯罪認知件数が減少したのをうけて他都市の政治家や警察も犯罪認知件数を減らさねばならないと判断して犯罪認知件数を操作したと推測している（Chambliss 2001, 40-43）。

（9）地方の共和党が連邦のクリントン大統領と協力する際に問題となったのが、銃器の扱いである。クリントンは銃規制法案をセットで提出していたのに対して、全米ライフル協会は銃規制に反対したからである。

（10）警察は、実施せねばならない仕事の量と比して与えられている資源に限りがあるため、裁量をきかせて効率的な運営をしなければならない。そのため、白人よりも黒人の犯罪率が高いというデータが存在する以上、人種に基づくプロファイリングが正当化される余地がある。ここで重要なのは、人種に基づくプロファイリングを一度行えば、ターゲットとされた人種が多く居住する地域で犯罪がより多く発見されることである。つまり、黒人居住地域の犯罪率が高いことに基づいてその地域での取り締まりを強化すると、黒人居住地域では犯罪がより頻繁に見つかるようになる一方で、警邏が手薄になった白人居住地域での犯罪がより露見しにくくなるので、人種間の犯罪発生率の差が拡大するのである。プロファイリングは効率的な警察政策を展開する上で重要なツールではあるものの、人種差別的な取り調べがなされていた地域で人種に基づくプロファイリングを行うことは、実際以上に犯罪発生率を拡大させるとともに、人種差別を強化する側面がある。

五　むすびにかえて

政治学者のナオミ・ムラカワは、その著書『最初の公民権――リベラル派はいかに刑務所国家を構築したか』において、州や地方レベルにおける個人に対する暴力の取り締まりを求める声に対応するために一九四〇年代から六〇年代はじめに行われたリベラル派による行政機構の拡充が、「刑務所国家」構築の基礎を作ったと論じている（Murakawa 2014）。制度的な背景としてこのような側面があるのは事実だろう。だが、近年の犯罪対策の強化は保守派によって主導され、クリントンを含む民主党もそれを受け入れた点で、保守派の政策が勝利したと評価することができる。

リベラルな資本主義社会では、人々の同意と自由な交換に基づいて社会を構築するのが前提とされており、法に基づく取り締まりは最後段階で行われる歯止めと見なされていた。そのような措置が今日前面に現れていることは、アメリカ社会が保守化していることの奇妙な表れである。今日では刑事司法関連支出の増大に耐えられなくなった州政府が徐々に犯罪政策を緩和しようと試みるようになっているものの、既に刑事司法機関が発展してしまっていることと、犯罪被害者支援のための財源を考えると、犯罪政策を大幅に緩和することは難しいだろう。

共和党には、重要な選挙で敗北した後、レーガンやギングリッチなど、右派から有力な指導者が登場して復活するというパターンが見られた。しかし、右からの批判が効果的だったのは、前提として共和党が中道から一定の支持を得ることができていたからである。そして、共和党が中道からの支持を得る上で有効だったのが福祉と「法と秩序」の問題だった。二〇一六年大統領選挙でトランプが勝利した背景にも、トランプが「法と秩序」の問題を強調して社会不安を感じる白人労働者層の支持を獲得したことがあったといえよう。

ただし、「法と秩序」は必ずしも共和党が独占的に用いることのできる戦術だったわけではない。本章で述べたように、犯罪対策の強化は民主党のクリントン政権の時期にも進展していたからである。そして実は、議会においてそのような方針を進めていた中心人物こそが、二〇二〇年大統領選挙で勝利した民主党のジョー・バイデンだった。また、二〇二〇年大統領選挙で民主党候補となることを一時期目指していたマイク・ブルームバーグも、ジュリアーニの後を継いでニューヨーク市長を務めた時に厳格な犯罪取り締まりを実施していた（最初ブルームバーグは共和党候補として当選した）。だが今日、バイデンもブルームバーグもそのような立場からは距離をとり（ブルームバーグは党籍も変更し）、強硬な犯罪対策を批判している。今日では、犯罪問題は二大政党を分かつ争点の一つになっているのである。

冒頭で述べたように、アメリカでは、成人は三一人に一人に当たる七三〇万人が受刑状態にある。アメリカでは、犯罪歴のある人々は正規の職に就くのが困難であるし、公営住宅に居住する権利も社会福祉を受給する権利も大きく制限されている。犯罪歴がある人物は出獄後も定職に就ける可能性が低いため、長期的には失業率を上げたり、彼らが裏社会に関与せざるを得なくなったりする状況を作り出している。ジェローム・G・ミラーは、麻薬や犯罪に対する強硬な政策が都市中心部の衰退を導いている様を、「社会的な医原病」と呼んでいる（Miller 1996）。刑期を終えて出獄した彼らを社会に包摂するためには、相当な工夫が必要になるだろう。今日のアメリカの刑罰国家は大きくなり過ぎた福祉国家への反発を背景に登場したが、刑罰国家の結果として新たな社会政策が要請されるであろうことは、大きな皮肉である。

第二章

都市の犯罪抑止政策

割れ窓戦略を主導したルドルフ・W・ジュリアーニ(右)とビル・ブラットン
AP/アフロ

一　犯罪問題の顕在化

犯罪発生率の動向と社会不安の高まり

第二次世界大戦以後、欧米諸国の犯罪発生率が軒並み上昇する中で、犯罪発生率がほとんど上昇しなかった日本は、世界で最も安全な国と称されるようになった。しかし、一九九〇年代に入ると、欧米諸国の犯罪発生率に歯止めがかかる一方、日本の犯罪発生率は上昇した。そこで、犯罪の増加を抑えるためにアメリカの犯罪対策に学ぼうという機運が高まった。中でも前章でも述べた通り、ジェイムズ・Q・ウィルソンとジョージ・L・ケリングが提唱し、ニューヨーク市のルドルフ・W・ジュリアーニ市長の下で実践されたとされる割れ窓理論は、犯罪学者のみならず、実務家や政治家、メディアの注目を集めた（小宮 2005; 大塚 2001; 民主党 2005）。

本章は、この割れ窓理論の検討を通して、アメリカの都市社会の秩序と暴力について考察する。

以下、まずは、アメリカの犯罪発生率の動向を検討したい。人口一〇万人当たりの強盗と殺人件数を示した**図1**、**図2**を見れば、アメリカの犯罪発生率が高いことは明らかだろう。**図1**

図1　人口10万人当たりの強盗発生件数（1997年）

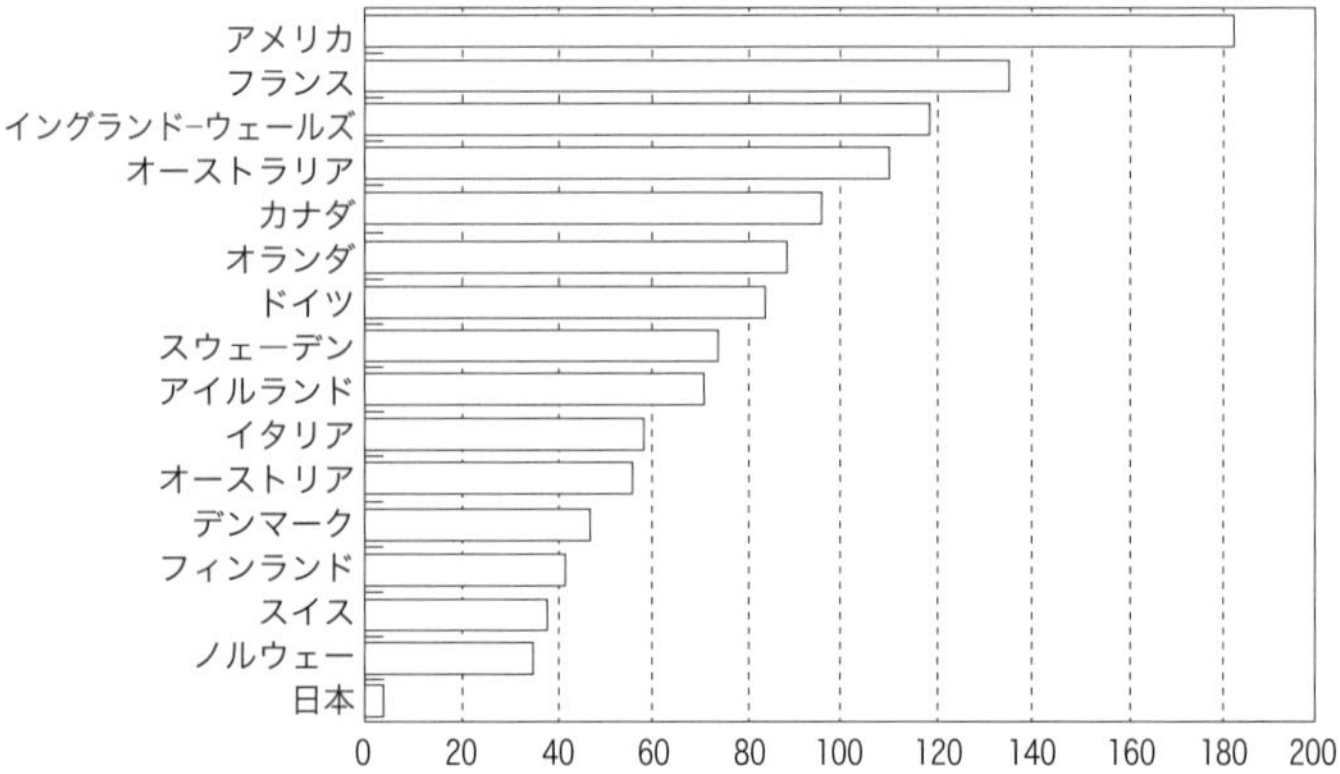

出典：Messner & Rosenfeld (2001), p. 19

図2　人口10万人当たりの殺人発生件数（1992〜1995年平均）

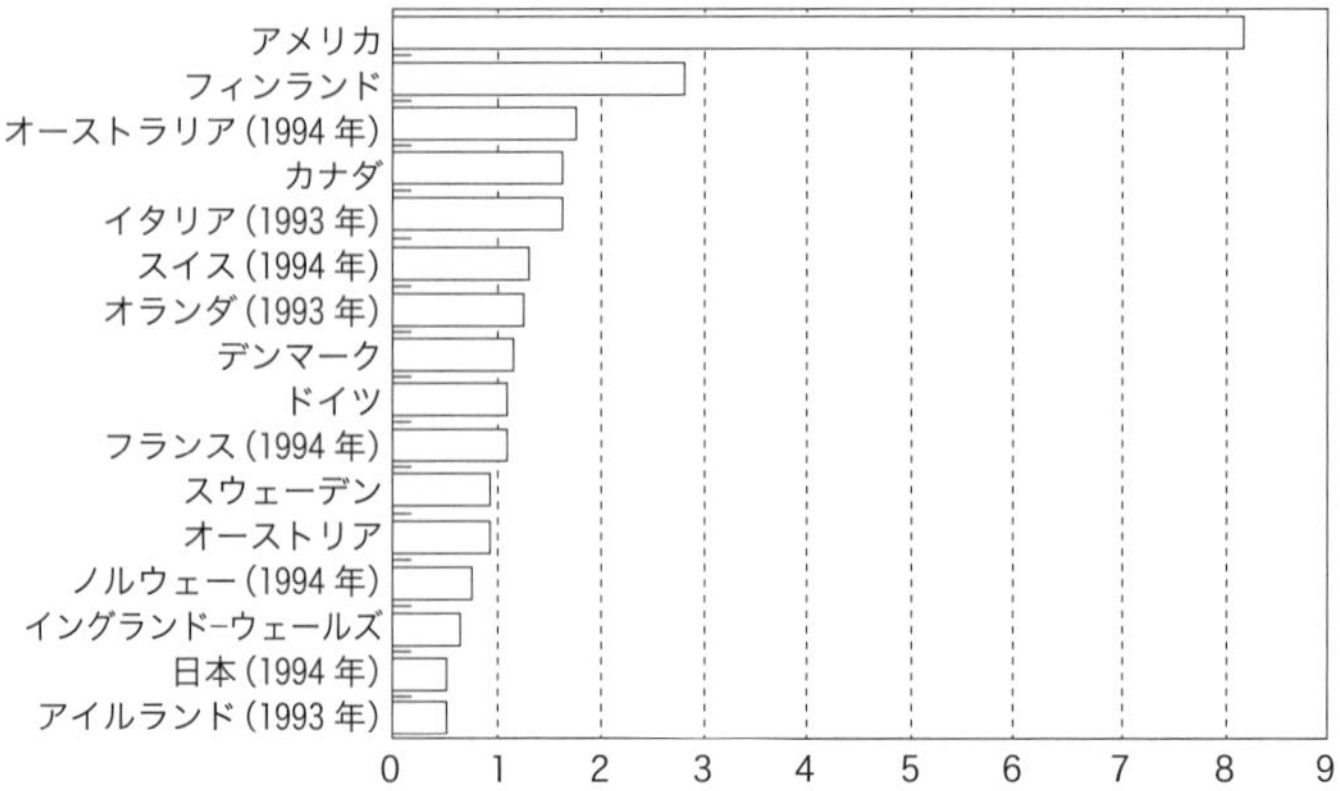

出典：Messner & Rosenfeld (2001), p. 20

図3　人口10万人当たりの殺人発生件数の推移（1900～1997年）

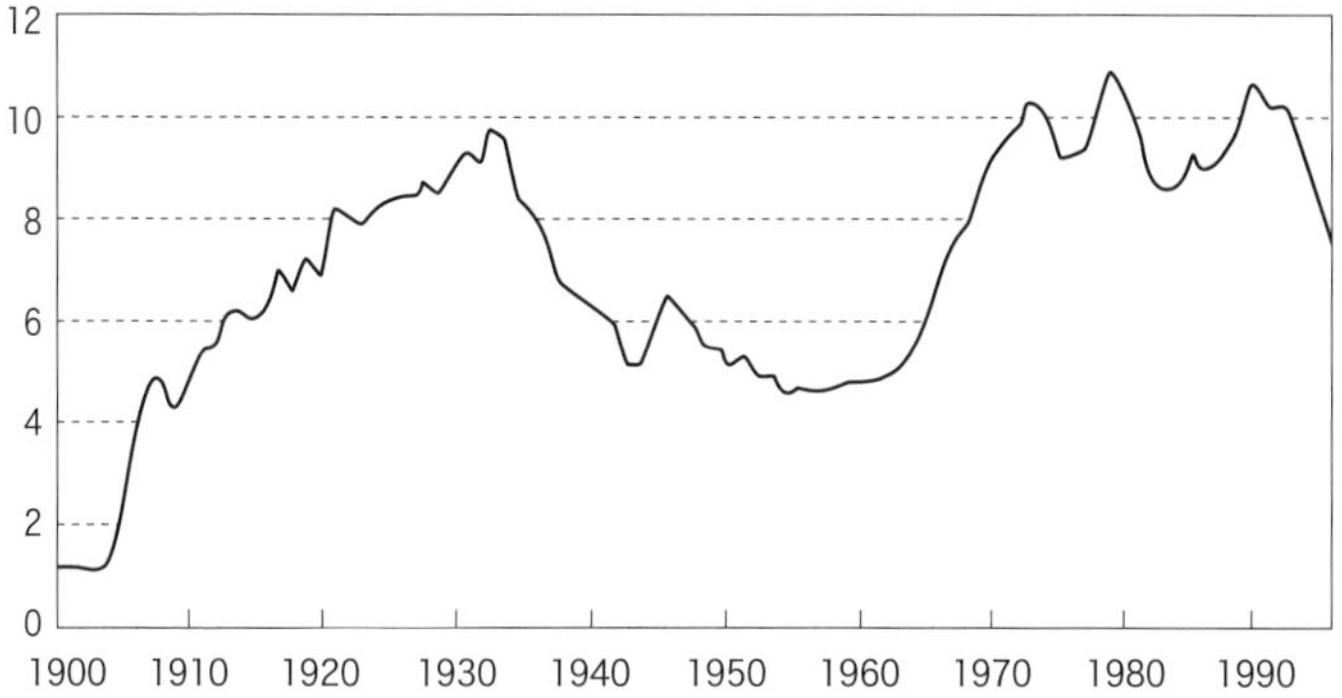

出典：Messner & Rosenfeld (2001), p. 24

によれば、アメリカでは、人口一〇万人当たり一八六・一件の強盗が発生しており、日本（一〇万人当たり二・二件）の八〇倍以上の値を示している。また、**図2**に示されているように、殺人の発生件数は一〇万人当たり八・二件である。日本では一九九〇年代に殺人事件が増大して「犯罪のアメリカ化」が論じられたが、人口一〇万人当たり一人にも満たない。しかも、日本の殺人統計には未遂や予備罪も含まれており、既遂事件の中で最大のカテゴリーが心中であることを考えれば（河合 2004, 47-48）、日本とアメリカの犯罪発生率に圧倒的な差があることは明らかである。

　次に、犯罪発生率の変化を検討するために、**図3**で人口一〇万人当たりの殺人発生件数の変化を見ておきたい。なお、ここで検討の対象を殺人に限定するのは、データの精度が比較的高いと考えられるからである（軽微な犯罪については、警察に対する信頼がない場合には通報されないことがあるし、前捌きなどによる暗数も存在するので、時系列的な分析に適さない）。とはいえ、殺人についても、警察や司法制度の確立度合いによってデータの整備状況が変わってくるので、警察制度や司法制度が充実し始めた第二次世界大戦後に焦点を当てると、一九六〇年代までは発生率が大幅に低下したものの、都市問題が顕在化した一九七〇年代以降急速に増大し、一九九〇年代に入って急降下したと概括することができる。

以上のデータを見ると、一九七〇年代以降に犯罪に対する不安が高まったことが容易に理解できるだろう。この不安は、とりわけ都市部で強いと考えられる。アメリカでは階級に応じて居住地に明確な相違があり、中産階級以上の比較的富裕な層が郊外に住居を構える一方で、貧困層が都市の中心部に住んでいることが多く、その結果、街頭犯罪が都市中心部に集中する傾向がある。犯罪不安は人種や階級の違いを越えて共有されており、いかにして安全という公共財を実現すればよいのかが、アメリカの都市政府にとって重要な問題となっている。

アメリカの都市問題

アメリカの都市には移民や新来のエスニック集団が移動してくることが多く、社会の多元性とそれに伴う問題点が集約的に現出している。都市は、多元性を受け入れつつも、安定的な秩序を創出して、人々が日常生活を営むことができる条件を整備する必要がある。一般的に、多元的な社会においては、価値や正義をめぐる争いが表面化しやすい。ラベリング理論が指摘するように、社会における逸脱を一義的に確定することはできないからである（Becker 1963）。多様な価値観が表出される地域では、逸脱に対する認識も、エスニシティや宗教などの集団ごとに異なる可能性がある。

多元的な社会においては、紛争を処理するために道徳や良心に従っていては、エスニシティや宗教に基づいた、より大規模な紛争に発展する危険性もある。それ故、紛争解決に際しては、内心に立ち入らず、法律によって犯罪と定められた外面的行為のみを罰する、罪刑法定主義や法の支配の考え方が要請される。同質性を前提とした小規模コミュニティとは異なり、人口の移動が激しく、互いに見知らぬ者が共生している大都市においてこそ、治安を専門とする警察の必要性は高まる。伝統的共同体におけるように、あらゆる紛争を解決できる信頼の厚いリーダーの存在を仮定することができないからこそ、外部の専門家に紛争処理を委ねる必要がある。これは、住民が自らを取り巻く環境への関心を失い、決定権を喪失する危険性を伴っているともいえるだろう（河合 2004）。

多元的社会を統合する上で、抽象的な理念や信条が大きな役割を果たすことはよく知られている。アメリカの都市は、アメリカン・ドリームの実現を目指して参集した移民が多く居住する場所でもある。しかし、メスナーとローゼンフェルドは、アメリカン・ドリームという理念には犯罪を増大させる面があると指摘している。アメリカン・ドリームというシンボルは、経済的成功という目標は明確にしているものの、それを達成する手段については個々の才覚に任されるため、経済的成功のためには手段を選ばないというメンタリティを生みかねないからである（Messner & Rosenfeld 2001）。この危険性は、以下に見るように、大都市中心部のスラムにおいて最も高まるおそれがある。

アンダークラスという概念を作ったことで知られるウィリアム・ジュリアス・ウィルソンによれば、都市中心部に貧しい黒人が集住するスラムが形成された背景には、第二次世界大戦後に白人の郊外への流出を促進した住宅政策がある。一九七〇年代、一九八〇年代に、社会的に上昇しつつあったマイノリティも都市を離れるようになった結果、都市中心部のスラムには最も貧しい黒人だけが残された。社会のメインストリームから孤立し、社会的上昇のモデルを失った地域では、貧困の濃縮効果が強まり、スラムは地理的にも拡大していった。その結果、学校や教会などの社会制度が崩壊し、教育の重要性の感覚や勤労倫理も失われた。ウィルソンは、経済の構造的変化により都市で非熟練労働者が働くことのできる機会が減少したため、スラムで雇用状態にある黒人男性の数が減少したとも想定している（Wilson 1987）。

スラムに居住するアンダークラスと呼ばれる貧困層にとっては、犯罪を行うことが、生活を維持する上で有効な手段として正当化される余地が大きくなる。この背景には、アメリカでは、日本国憲法二五条で規定されているような生存権が保障されていないこともあるだろう。スラムは、人種と階級に基づく閉鎖的コミュニティであり、独自の行動様式を有する。スラムの住民は、メインストリームの人々から逸脱者としての烙印を押されてしまうと、スラム外の人々に開かれている日常生活の枠組みから排除されてしまう。

ジェニファー・ホックシールドは、一般に黒人の方が白人に比べてアメリカン・ドリームに対する思いが強いことを明らかにしている（Hochschild 1995）。にもかかわらず、社会的成功のための公式のルートが閉ざされてしまうと、スラムの住民が成功を収めるためには、逸脱的な、違法な方法を用いざるを得なくなる。犯罪技能を取得するにはそれなりの訓練が必要である。犯罪行為を正当化する論理がなければ、犯罪のモチベーションを維持するのは難しい――。スラムは犯罪を実行するのに好ましい環境を提供している、というわけである。スラムの社会問題は、秩序が解体していることではなく、それが周囲の秩序と異なっているところにあるといえるだろう（Becker 1963; Anderson 1990; Anderson 1999）。

この結果、九〇年代半ばに、黒人は全米の人口の一二％を占めるに過ぎなかったにもかかわらず、強盗による逮捕者数の六二％、殺人による逮捕者数の五五％、強姦による逮捕者数の四四％を占めていたのである（ラフリー 2002, 71）。

都市の住民がこのような状況を嫌っているのは当然だろう。アメリカの都市政府も、犯罪問題に敏感である。第一章でも指摘したように中央政府からの移転支出を前提とすることのできる日本とは異なり、アメリカの都市政府は独自に財源を確保せねばならない（西山 2008）。危険な都市には旅行者が集まらないだろうし、高額納税者たる富裕層も犯罪多発地帯に不動産を所有しようと考えない。税収をもたらし、労働者を雇用する民間企業も危険な都市に拠点を構えるのは得策でないと考えて、他都市に移動してしまう可能性がある。アメリカでは、地方政府が所管する警察が社会の安全を維持する上で主要な役割を果たしていることもあり、犯罪問題は都市政府にとってきわめて重要な問題となっているのである。

二　過去の犯罪政策の破綻

秩序、暴力と統治機構

民主主義社会は、個人の自由を枢要な価値としている。とはいえ、社会の全構成員が勝手な行動をとると、社会は無秩序となり、結果的に個人の自由が大きく侵害されることになりかねない。そこで、個人の自由をある程度制限する必要が出てくるが、その限界を定めるのが立法部であり、限界を破った者を取り締まるのが行政部、違反者の処遇を定めるのが司法部である。

無秩序状態において個人が自己防衛のために暴力を行使することを禁止し、統治機構が暴力を独占することが、近代国家の原則なのである。

そこで、本節では、立法部、行政部、司法部の対応の例として、連邦・州レベルでの立法、警察行政、裁判所の判断について検討し、かつての諸政策が犯罪問題に効果的に対応できていなかったことを明らかにしたい。

連邦・州政府の対策

第二次世界大戦後の犯罪率の上昇に対して、連邦政府と州政府は、死刑の実施、刑務所の増設、薬物・銃器規制、三振法（第一章（二八頁）参照）など、様々な対策を講じた。しかし、これらの施策は都市住民の不安を解消するのに、必ずしも有効ではなかった。その背景には、二つの要因がある。

第一に、社会の安全を維持する上で連邦政府と州政府にできることには限りがあった。アメリカでは、地方政府の所管する警察が社会の安全を維持・確保する上で中心的な役割を果たしており、連邦政府の管轄するＦＢＩや州政府の管轄する州兵は、社会の安全を乱す活動の多くを取り締まる権限、また、地方警察に特定の政策の執行を命ずる権限を持っていない。連邦政府や州政府が制定する法律は、犯罪が行われにくい環境を作ることはできても、直接的に犯罪を取り締まることはできないのである。

第二に、連邦政府や州政府と地域住民の思惑にずれがあった。「法と秩序」というレトリックは、一九五〇年代のバリー・ゴールドウォーター以来、連邦や州の政治家が票を獲得する上で有効であった。とりわけ、一九六〇年代に公民権法が成立して以降、その内容に不満を持つ南部の白人の票を獲得するために、民主・共和両党に、福祉に依存するスラムの黒人貧困者の行動様式を批判し、麻薬犯や、生命と財産に直接的危害を及ぼす重大犯罪者に厳格な対応をとるよう主張する政治家が登場した。これらの主張はメディアの注目を集め、それらの報道や実際の政策が発表されるに伴い、犯罪に対する不安も増大していった。重大犯罪に対して厳格な立場を示すことは、有権者の支持獲得を目指す政治家にとって重大だった（Beckett 1997）。

しかし、重大犯罪への対応を重視する連邦や州の政治家の政策は、必ずしも地域住民のニーズとは合致していなかった。地域住民にとって不安なのは、むしろ、社会秩序が維持できているかどうかだったからである。大都市の事業者にとって、強盗はたしかに不安かもしれないが、警備を強化し、商品管理と現金管理を徹底すれば一応は対処することができた。しかし、街の秩序が低下し、通りにたむろする厄介者を怖れて買い物客が通りを出歩かなくなると、商店街が空洞化してしまう（Kelling & Coles 1996, 31）。社会秩序が低下すると、人々は広場に集わなくなり、商業的活力のみならず、地域の社会的紐帯までもが失われてしまう。こうしてソーシャル・キャピタルが減退すると、安全という公共財を実現するのは一層困難になる（Putnam 2000）。このように、連邦や州の犯罪政策は、必ずしも地域住民のニーズと合致していなかった。そして、都市の社会秩序維持は、党派や階級、人種やエスニシティなどの相違を越えて取り組むべき課題と認識されるようになったのである。

法執行機関としての警察

警察の仕事は、既存の法に基づいて、裁量を加えずして犯罪者を逮捕することである——警察を法執行機関と見なすこの考え方は、革新主義時代以来の伝統に基づいており、今日でも半ば常識として受け入れられている。だが、この一見当然と思える考え方も、地域住民のニーズとは合致していなかった。問題は、この考え方が、犯罪を防止することに二義的な位置付けしか与えていないことである。

警察に対するこのような考え方が一般化したのには、歴史的背景がある。一九世紀の警察は政治的性格が強かった。警察官の職は都市の政党機構や市長を支持する見返りにパトロネージとして与えられ、警察官の忠誠は政党機構や市長に向けられていた。政党政治家は票の獲得を目指して選挙民のニーズに合致した活動を志向したため、警察官には、既遂事件の実行者を逮捕することだけでなく、犯罪を未然に防止することが求められた。このため、警察官は、犯罪者の逮捕や社会の秩序維持にとどまらず、浮浪者を保護したり、貧困者に食事を配給するなどの社会サービスも行っていた（西山 2012a）。

当時の警察の仕事はコミュニティのニーズに一応は適ったものだったが、都市の政治家との密接な関係は政治腐敗と表裏一体をなしていた。また、犯罪の取り締まりや、社会サービスの対象の選択に際して恣意的な傾向が強かったので、市政改革運動に従事した革新主義者によって強く批判されることとなった（西山 2012a）。

これに対し、革新主義時代に提唱された警察モデルは、フレデリック・ターナー流の科学理論から大きな影響をうけていた。警察組織は集権化され、警察官は一般公務員制の原則に従って、党派性に関係なく試験に基づいて採用されることになった。警察官には、中央から指示された標準化された職務を粛々と実施することが求められた。その責任は明確化され、規格に基づいた評価がなされる必要があった。彼らに求められたのは、地域住民へのサービスではなく、既存の法律を裁量を加えることなく執行することだった（西山 2012a）。

一般に、世の中には膨大な量の規則があり、警察が取り締まることのできる犯罪にも限度がある。そこで、社会の安全という目的を達成するのに効果的な規定に焦点を当てて取り締まった方が好ましい結果を生む場合がある。このように、専門家としての知識や技能に基づいて規則を柔軟に状況に当てはめることこそが裁量の利点なのだが、当時の警察改革者は、裁量を恣意的な決断と同一視していた（西山 2012a）。

警察官には熟練した技能は要求されず、他の警察官と服務地域を取り替えても問題が生じないように、活動が標準化された。これらの標準化された活動は、逮捕件数、犯罪発生件数、九一一番通報への対応に要した時間などの尺度に基づいて画一的に評価され、それがそのまま警察官の業績となった。警察のような統制機関に対する評価や予算付けは、本質的な困難を抱えている（例えば、検挙率が下がった際に、業績主義に基づいて予算を削減すべきか、懸案が増えたとして予算を増額すべきかは、解答困難な問いである）。その中で評価基準を明確にしたことは、一応は評価できる。とはいえ、この観点からすると、酔って他人にからんでいる者や、放っておけば罪を犯しそうな者がいたとしても、当該人物が明らかに法律に違反する行動をとっている場合を除き、警察官は何の対応もすることができないわけであり、実際そのようになった（西山 2012a）。

この中で、地域コミュニティの成員は、警察に日常活動などの「過大な」要求をすることなく、犯罪が発生した際にはただちに通報し、警察官の求めに応じて必要な情報を提供すべき存在と見なされるようになった。かくして、革新主義時代以降の改革の結果、警察の腐敗と汚職は減少したものの、警察は法の規定に反した行動をただ機械的に取り締まる機構となった。かくして警察の活動は、秩序と安全を求める地域住民のニーズからかけ離れていった（Kelling & Coles 1996, 75-102）。

この傾向を強めたのが、自動車パトロールの増大である。パトカーを用いて巡回すれば、あらゆる場所を警察が監視しているという印象を与えることができ、九一一番通報にも迅速に対応することができると考えられた。だが、実際には、パトカーで脇見運転をするわけにもいかず、犯罪遂行中の者を効率的に捕捉することはできなかったのである。そもそも犯罪の被害者や目撃者はショックやおびえのために犯罪発生直後に通報することは稀なので、警察が九一一番通報に即座に対応しても問題の解決に繋がるとは限らなかった。自動車パトロールは警察官がいつでもどこでも市民を見守っているという感覚を市民に与えることはできず、結局、警察の活動は地域に根ざしていないという印象を強めたのである（Kelling & Coles 1996, 75-102）。

裁判所の対応

裁判所は、犯罪者の処遇を決定することに加えて、その定める罰則によって以降の犯罪を抑止する役割を果たしている。とはいえ、裁判所は法廷に持ち込まれた事件に関係する論点しか検討することができないため、犯罪抑止のためにできることには限界がある。

それに加えて注意すべきは、個人の権利の認定と擁護を主要任務とする裁判所の決定が、社会秩序維持という住民のニーズに反する結果を生んだ面があることである。リベラル＝コミュニタリアン論争が明らかにしているように、個人の自由の要求とコミュニティの要求は相反する場合があるのである。

一九六〇年代以降の政策や判例は、個人の自由を尊重する傾向を強めていった。逸脱した行動も、暴力的でなければ権利の行使と見なされるようになった。例えば、公共の場での酩酊は非刑罰化された。「浮浪者取り締まり法」や「うろつき禁止法」には違憲判決が下された。街頭での物乞いも、貧困や不公正な富の配分、住宅不足などに対する政治的意思表明と解釈され、言論の自由を規定する合衆国憲法修正第一条の保護が与えられるようになった。

個人の自由や権利を尊重する一連の裁判所の判断は、妥当で適切であろう。しかし、個人に認められたこれらの権利を、広場や地下鉄など特定の地域で複数の個人が一斉に行使すれば、地域にとっての脅威は大幅に増大する（Wilson 1996）。だが、裁判所で問題にされるのはそのような集合的脅威ではなく、個別的行為の是非である。特定の個人の物乞い行為のみが原因となって社会が無秩序に陥るなどという事態は想定しにくいため、個々の裁判でコミュニティの秩序を要求するのは、妥当でないと見なされる。

権利をめぐる言説は、その後の政治的議論を封じてしまうことが多いため、「万能の切り札」と見なされている（Dworkin 1977）。この点を承知している弁護士は、物乞いやホームレスを擁護する際、彼らの権利擁護を主張して、市政府を相手に訴訟を提起する。警察官も訴訟を回避するべく、秩序を乱す行為があっても、法の規定に反していない場合は、何ら対応をしなくなってしまった。犯罪者の中には、自らの逸脱行動をカムフラージュするために、ホームレスを装う者もいたといわれている。

このように、伝統的な犯罪政策の枠組みでは、社会の治安悪化に対して有効な対策をとることができなくなっていたのである。

三　割れ窓理論と警察の役割の変容

このような中で注目を集めるようになったのが、割れ窓理論である。第一章（三二頁）でも説明したように、割られたガラス窓＝割れ窓は治安の悪化を象徴するものとされた。もし、建物の窓ガラスが一枚割れているのを放置しておくと、建物を管理する者がいないと考えられて、他のガラスも割られてしまうだろう。その建物をそのまま放置しておくと、面する通りを管理する者がいないと考えられて、他の建物のガラスも割られてしまうであろう。このように、小さな無秩序に対応せずにいると、より規模の大きな秩序違反行為の呼び水となり、いずれ殺人や強盗などを含む重大犯罪を惹起しかねない。そこで、小さな違反行為も見逃さずに対応する必要があるというのが、割れ窓理論の基本的メッセージである（Wilson & Kelling 1982; Kelling & Coles 1996）。

この構想は、コミュニティにおける警察の役割を見直すことを要請している。警察官は街のわずかな変化を察知し、小さな違反行為にも対応できるように、徒歩でパトロールを行う。地域住民と日常的に接することによって、法律の条文には記載されていない地域のルールを構築する。また、問題の発生を未然に防ぐために、秩序違反者に対して教育や説得をすることが重視される。逮捕は、それ以外の方法が全て失敗した場合の最終手段と位置付けられる。いうなれば警察官は、コミュニティに根ざして、裁量を行使し、犯人逮捕ではなく犯罪の予防を主たる任務とする者として再定義されたのである（Wilson & Kelling 1982; Kelling & Coles 1996）。

この戦略を採用することで治安を向上させたとされるのが、ジュリアーニ政権下のニューヨーク市である。当時のニューヨーク市の地下鉄は、都市の無秩序と犯罪問題を象徴すると考えられていた。地下鉄内の治安はきわめて悪く、強盗、傷害、殺人などの重大犯罪が頻発していた。この事態をうけて、交通局警察のウィリアム・ブラットンは、地下鉄をニューヨークの人々に取り返すと宣言し、地下鉄の落書き、無賃乗車、攻撃的な物乞いなどの軽犯罪の取り締まりを徹底的に行った。その結果、地下鉄の治安は大幅に向上した（Kelling & Sousa 2001）。それをうけてジュリアーニ市長は、ケリングを顧問にするとともに、ブラットンを警察本部長に任命し、「生活の質」向上イニシアティヴを市全域で展開した。その過程で、軽犯罪で取り調べられた中でかなりの割合の者が、違法な武器を携帯しているか、重大犯罪で逮捕状を発布されていることが明らかになった。このように、警察が軽微な罪を犯した者と接触する機会が増大するに伴って、結果的に警察官が武器所有者や重大犯罪者と接触する機会も増大し、重大犯罪発生率も低下していった（Kelling & Sousa 2001）。

こうして、ジュリアーニ政権期にニューヨーク市は犯罪多発地帯の汚名を返上した。九・一一テロ事件をうけて、マイケル・ブルームバーグがジュリアーニの後を継ぐと述べて市長に就任したが、ブルームバーグは犯罪対策においても基本的にはジュリアーニの路線を継承した。ブルームバーグ期には、連邦のジョージ・W・ブッシュ政権が遂行する対テロ戦争との関係もあり、警察官が路上で疑わしいと判断した人物を呼び止め、身体検査を行い、所持品検査を行うことも一般的となった。この手法は「ストップ・アンド・フリスク」と呼ばれたが、ジュリアーニ政権期の犯罪政策の延長線上でとらえることができるだろう。

四　割れ窓戦略に対する批判的検討

割れ窓理論の論理

ニューヨーク市の成功物語は、世界中の注目を集めた。しかし、具体的にどのようなメカニズムでニューヨーク市の犯罪発生率が低下したのかは、ケリングらが主張するほど明確にはなっていない。なぜならば、割れ窓理論はレトリックとしてはわかりやすいものの、その具体的なメカニズムは、必ずしも分析的に検討されていないからである。

割れ窓理論のロジックには、少なくとも、(一)社会の無秩序と重大犯罪の発生率には相関がある、(二)コミュニティを活性化することで犯罪は予防できる、(三)小さな犯罪を見逃さないことが重大犯罪を防止する、という位相の異なる三つの側面があるので、個々の側面について検討することにしたい。

秩序と犯罪

社会の無秩序と重大犯罪発生率の関係については、ウェズリー・スコーガンが有名な研究を行っている。彼は、貧困や住民の人種構成よりも無秩序の方が犯罪率と強く相関していると主張した。無秩序は不動産価値を低下させて地域の衰退や崩壊をもたらし、それがさらなる犯罪率の上昇につながるので、割れた窓ガラスは急いで修理せねばならないと主張した(Skogan 1990)。

スコーガンの研究は、無秩序が地域コミュニティにもたらす影響について調査した重要な試みであり、割れ窓理論の有効性を証明したものとしてしばしば引用されている。たしかに、秩序の乱れた場所の方が整然とした場所よりも、秩序違反行為を誘発しやすいという印象はあるだろう。

しかし、スコーガンの研究が割れ窓理論を実証したといえるかについては、疑問が残る。スコーガンが、近隣地域の秩序に関する住民の認識と、その住民が住居侵入、強盗、レイプ、暴行、引ったくりの犯罪被害に遭ったことがあるかどうかについて調査したところ、相関が見出せたのは強盗についてのみだったからである。

そして、スコーガンの議論を批判的に検討し、同じデータを用いて分析しなおしたバーナード・E・ハーコートによると、スコーガンの研究にはほかにも問題がある。例えば、スコーガンの集めたデータは、別々に行われた五つの調査結果を寄せ集めたもので一貫性がない。また、強盗被害の経験についても、どこで被害にあったかが問われていない。従って、無秩序を感じたのとは別の地域で強盗にあった場合も含まれている。最後に、無秩序と強盗の相関結果は、ニューアークの五つの地域にのみ見られ、その他の地域では、両者の間に相関関係が見出せなかったという（Harcourt 2001, 59-78）。このように、社会の無秩序と重大犯罪の発生に相関があることが実証されたとはいいきれないだろう。

なお、秩序が保たれているからといって、それが、犯罪がないことを意味するとも限らない。例えば、ギャングが支配している地域では一見むしろ秩序が保たれている可能性が高いが、そこでは犯罪が顕在化していなくとも、水面下で蔓延している可能性が高いからである。

コミュニティ・ポリシング

警察と地域コミュニティの間に、人種やエスニシティ、宗教や階級を超えた継続的なパートナーシップを築き上げ、予防に力点を置くことで安全という公共財を作り出そうとする試みは、コミュニティ・ポリシングと呼ばれている（Alpert & Piquero 2000）。警察に対する不信の強い地域でコミュニティ・ポリシングが実践されるのは有意義であろう。人種的プロファイリングや黒人に対する暴力が一般的だった地域では、黒人の意見に警察が耳を傾けること自体が重要な意味を持つ。コミュニティで警察と住民が交流を深めていけば、相互の誤解も解けて肯定的な態度が醸成される可能性がある。

しかし、同質性を前提としたコミュニティではなく、多様性のあるコミュニティで、コミュニティ・ポリシングを実践することは可能だろうか。近年、アメリカにおけるソーシャル・キャピタルの低下が問題とされているが（Putnam 2000）、もともとコミュニティ意識が根付いている地域ならばともかく、大都市のスラムと、それに隣接する住民が、犯罪防止のために継続的なパートナーシップを結ぶとは考えにくい。実際、ニューヨーク市で展開された犯罪対策についても、一部の商店街の店主を除いては、コミュニティ的要素はほとんど見られなかった。

警察が地域住民と一体となって民主的にルールを定めるといっても、市民を逮捕する権限を持つ警察官は市民に対して優位に立つ面もあるので、警察に対する不信の強い人々が真剣にコミュニティ・ポリシングに取り組むかには疑問が残る。また、仮に地域住民と警察の間でコミュニティのルールが定められても、旅行者がそのルールを即時に理解するのは不可能であり、多様な旅行者が訪れる地域では、コミュニティ・ポリシングが犯罪抑止上意味を持つ範囲は限定的である。

他方、今日のアメリカでは、犯罪が多発する都市部から逃れて、地域を高い塀で覆い、出入り口に門をつけ、多くの警備員を雇うとともに監視カメラをつけて内部の安全を確保しようとするゲイティッド・コミュニティに居住する人々が増大しつつある。ここでは、比較的富裕な人々が、それまで住んでいたコミュニティの安全に貢献するのではなく、郊外に犯罪のない理想のコミュニティを作り上げようと試みている。二〇世紀末の時点でアメリカの全人口の一〇%以上が自警設備のあるビルや団地に住んでいたとされている（Blakery & Snyder 1999）。これは、多様な背景を持つ人々がパートナーシップを築いて安全を作り出すというコミュニティ・ポリシングとは性格の異なる、異質性を排除したコミュニティ構築の動きだといえるだろう。

このように、コミュニティを活性化することによって犯罪を予防するという論理が成り立つかどうか以前に、コミュニティを活性化するのがそもそも困難なのである。

「寛容度ゼロ」政策

第三の、小さな犯罪も見逃さないことが重大犯罪を防止するという場合には、様々なバリエーションが考えられる。一つには、軽微な犯罪に関与して取り締まられ注意をうけた違反者に反省を促すことで、より規模の大きな犯罪に着手するのを止めることが想定できる。これは青少年や初犯者については当てはまるかもしれない。しかし、この教育的側面だけで、ニューヨーク市などで殺人や強盗などの重大犯罪が減少したことを説明するのには無理があり、より実際的に犯罪行動への着手を中止させる面があったと考えるべきだろう。例えば、警察が犯罪問題を解決するために積極的に活動していることをアピールすることで、人々がより大規模な犯罪に関与するのを抑止する面があるかもしれない。

それ以上に重要なのは、軽犯罪に着手した者に対する検査・逮捕を認める法律の制定によって、警察が重大犯罪に関与した可能性のある者と接触する機会が増え、重大犯罪者の逮捕件数が増大したことである（Kelling & Coles 1996, 243-254）。ブラットンも、この戦略は警察にとって「大当たりだった。逮捕するたびに、お菓子の箱を開けるようなものだった。何が手に入るのだろう？　銃か？　ナイフか？　逮捕令状か？　殺人の下手人はいるだろうか？　警察官は皆、大物を捕まえたいと思っていた。警察官はうきうきし、悪党はがっくりした」と述べている

（Bratton 1998, 154）。

ブラットンやケリングによれば、無賃乗車を行った者を取り調べたところ、その多くが違法に銃や麻薬を携帯していることがわかり、多くの重大犯罪者が逮捕されている。この取り締まり戦略の結果、どれだけの人々が逮捕されたのかはわからない。しかし、この戦略がとられた一九九〇年代に、アメリカの刑務所の収容者は大幅に増大している。一九九七年の初頭には、アメリカの成人男性の五〇人に一人が刑務所に入っており、約二〇人に一人が保護観察か仮釈放中となっていたが、この比率はヨーロッパ諸国の約一〇倍に達している。さらに、黒人が刑務所に入っている率は、一九九五年の段階で人口の約七％と、白人と比べても明らかに高くなっていた（グレイ 1999, 163）。

ここに、割れ窓戦略を導入する際に注意すべき点がある。軽微な違反者が重大犯罪に関与している、あるいは、重大犯罪者についての情報を持っている可能性はあるだろう。とはいえ、軽微な犯罪を行う者が皆重大犯罪者とは限らないという当たり前の事実も、忘れてはならない。軽微犯罪者が重大犯罪者かもしれないという前提の下、過剰な取り調べを行うのは妥当ではない。秩序維持を目的として、諸個人の権利と自由を大幅に侵害するべきではない。このような観点から、割れ窓理論に基づくとされる戦略は、重大犯罪を解決することを目的とした、別件逮捕をも含む寛容度ゼロ政策として批判されることがある（McArdle & Erzen 2001）。ハーコートも、秩序維持の美名の下に無秩序な取り締まりを正当化しているとして、割れ窓戦略を批判している（Harcourt 2001）。

この指摘は、割れ窓理論が危険な側面を持っていることを明らかにしている。割れ窓理論の提唱者は、割れ窓理論は寛容度ゼロ政策とは性格が異なると強調しているが、説得力のある根拠は示されていない。そして、以上の検討を踏まえるならば、仮に割れ窓理論がアメリカの大都市の犯罪発生率を低下させた主要因だと主張するならば、それはこの寛容度ゼロ政策によるところが大きい可能性があるといえるだろう。

五　むすびにかえて

本章は、割れ窓理論の検討を通して、都市の秩序と暴力について考察することを目的としてきた。割れ窓理論の背後にあると想定される三つの論理のうち、少なくとも二つは十分に実証されていない。そして、仮に割れ窓戦略が機能したとするならば、それは寛容度ゼロ政策に基づく大量取り締まりと大量投獄の結果ではないかと考えられる。この仮説が正しいとするならば、社会の秩序を実現するために、ある種の無秩序な取り締まりが容認されていることになる。

かつて、哲学者のヴァルター・ベンヤミンは、警察は法を創出した暴力の再現だと論じていた（ベンヤミン 1994）。ギャングのボスが存在感を示しているために秩序が保たれている地域と、警察官がいるために秩序が保たれている地域には、当然ながら質的な差がある。だが、歴史上、白人警察官が頻繁に黒人に不当な暴力を行使してきたこと、また、世界的にも治安維持を名目に多くの殺害が正当化されたことを考えると、強制力を伴って強硬な取り締まりをする警察に対して一抹の不安が残るのも事実である。このように考えると、ハーコートが述べるように、実際の秩序ではなく「秩序の幻想」があるだけなのかもしれないとの疑念が出てきてもやむを得ない面もあろう（Harcourt 2001）。アメリカの犯罪発生率の低下は、好景気や、ドラッグの使用形態の変化、警察のデータ管理システム整備などの結果でもあり、割れ窓戦略を過大評価して他国への導入を図ろうとするのは、単純に過ぎる。

かつてジェーン・ジェイコブスは、都市の公共の平和を実現するためには人々の自発的な統制が必要だと主張し、警察や警備員は二義的な役割しか果たすべきでないと主張した（Jacobs 1961）。地域の安全と安心を第一義的にコミュニティに委ねるべきことに異論はないが、今日では地域住民の自発的取り組みのみで問題を解決できるコミュニティはほとんど存在しない。多くの都市では、家族や教育機関、コミュニティなどが十分に機能せず、法律が唯一の機能する制度となり、社会統制の手段として警察と刑務所に依存する度合いが高くなっている。安全を実現するためにこれらの強制装置に依存せざるを得ないことは、アメリカのコミュニティの活力、ひいては、ソーシャル・キャピタルが低下していることの表れだといえるだろう。

これと並行して、白人中産階級を中心にゲイティッド・コミュニティが増大しつつある。しかし、実際には、ゲイティッド・コミュニティも常に安全とは限らず、内部の安全を確保するために警備員や監視カメラに依拠せざるを得ないことは、周知の通りである。

アメリカの都市には多様な背景を持つ人々が居住しており、コミュニティにおける多元性は、アメリカの創造性と強さの源泉となってきた。しかし、今日では、多様性を体現するという意味でのコミュニティは空洞化し、スラムやゲイティッド・コミュニティなどの、同質性の強い、閉鎖的なコミュニティが増大している。アメリカは、トクヴィルが描いたような市民参加が活発な社会ではなく、一望監視施設たるパノプティコンを構想したジェレミー・ベンサムの世界、あるいは、ジョージ・オーウェルの『一九八四年』の世界に近づきつつあるのかもしれない（フーコー 2020; オーウェル 1972）。ジョン・グレイも述べるように、罪を犯した者、犯罪から逃避した富裕な者がともに、高い壁や柵の中で過ごし、監視カメラによって監視される状況が生まれつつあることは、アメリカにおける犯罪問題の解決が容易でないことを示しているといえるだろう（グレイ 1999, 165-166）。

第三章
銃規制

ライフルを片手に演説するチャールトン・ヘストン（2002年10月21日）
AP/アフロ

一　銃規制をめぐるパラドックス

アメリカの犯罪問題を考える上で、銃の問題を避けて通ることはできない。アメリカ国内には軍保有のものを除いて三億丁を超える銃が存在し、二〇一〇年には銃に関連する原因により三万一六七二人が死亡している。その内訳は、殺人事件が一万一〇七八件、自殺が一万九三〇二件、意図せざる殺人（過失・誤認など）が六〇六件である（Cook & Goss 2014, 34）。**表1**は、人口一〇万人当たりの銃に起因する死者数と、人口一〇〇人当たりに存在する銃器の数を示している。アメリカ国内には数多くの銃が存在していること、銃に起因する事故が多いことがわかるだろう。

この表を見ると、これだけ多くの被害が発生しているにもかかわらず、なぜ、銃器に対する規制を強化しないのかと疑問に思う人も少なくないのではないだろうか。

この疑問は、アメリカに関してしばしば報道されている事柄を念頭に置くと、さらに強まる。例えば、アメリカは製造物責任が強く問われる国であり、しばしば懲罰的な損害賠償が企業に課されている。具体例をあげると、玩具の使用に伴い事故が発生した際、企業が巨額の賠償を求められることがある。しかし、銃と弾丸については消費者製品安全委員会の管轄対象外とな

表 1　銃器関連死者数と銃所持率

	人口 10 万人当たりの銃器関連死者数	人口 100 人当たりに存在する銃器の数（文民の所有数）
アメリカ合衆国	10.2	88.8
南アフリカ共和国	9.41	12.7
スイス	3.84	45.7
フィンランド	3.64	45.3
フランス	3.00	31.2
オーストラリア	2.94	30.4
ニュージーランド	2.66	22.6
カナダ	2.44	30.8
ベルギー	2.43	17.2
マルタ	2.16	11.9
イスラエル	1.86	7.3
ルクセンブルク	1.81	15.3
ノルウェー	1.78	31.3
ポルトガル	1.77	8.5
ギリシャ	1.50	22.5
スウェーデン	1.47	31.6
デンマーク	1.45	12.0
イタリア	1.28	11.9
アイスランド	1.25	30.3
ドイツ	1.10	30.3
オーストリア	1.04	15.0
アイルランド	1.03	8.6
トルコ	0.72	12.5
スペイン	0.63	10.4
オランダ	0.46	3.9
イギリス	0.25	6.2
日本	0.06	0.6

（出典）Spitzer (2015), p. 51.

っているため、銃について製造物責任を問うのは困難である。ゴム製の弾丸が飛び出す玩具の銃で事故が発生した場合には賠償責任が発生するにもかかわらず、本物の銃により事故が発生しても銃製造会社に賠償責任は生じない。このような状態を改めないのはなぜだろうか（Cook & Goss 2014, 123-124）。

アメリカでは公衆衛生に関連する議論が盛んであり、副流煙による健康被害を避けるため、タバコに多くの税が課されたり、喫煙できる場所が限定されたりしている。では、より直接的に健康（生命）を害する可能性のある銃には、なぜ巨額の税が課されないのだろうか。また、学校で銃乱射事件などが発生すると、日本ではなぜ学校内で銃を所持している人がいるのだろうかと疑問を抱く人も多いだろう。だが、アメリカでは、日本における一般的な想定とは反対に、銃乱射事件の被害を最小化するにはむしろ学校での銃所持の規制を緩和することが必要だという主張が強いのである。これはなぜだろうか（Cook & Goss 2014, 124-127）。

アメリカの銃規制についての疑問は、アメリカでも銃規制を強化するべきという意見が決して少なくないことを考えるとより強くなる。例えば、ピュー・リサーチ・センターが二〇一五年七月に行った調査では世論の八五％が、銃の展示販売会での銃器の購入や銃の個人間の売買に際して購入者の身元調査を行うべきだと考えている。精神に障害を持つ人の銃器購入に規制をかけるべきと主張する人も世論の七九％に及ぶ（Pew Research Center 2015）。アメリカでは銃所持を非合法化するべきだという議論は有力にならないが、大半のアメリカ人も穏健な規制には賛成しているのである。

この世論調査のデータを見ると、次のような疑問がわいてくるだろう。アメリカでは、世論が銃規制強化を支持しているにもかかわらず、効果的な銃規制が行われないのはなぜだろうか。本章はこのような疑問を、ある論者に従って「銃規制をめぐるパラドックス」と呼ぶこととし（Goss 2006）、その解明を試みたい。以下では、合衆国憲法修正第二条、都市と農村の対立、銃規制反対派（ＮＲＡ）の強さと推進派の弱さという、大きな三つの要因について説明することにしたい。(1)

二　社会秩序と合衆国憲法

社会秩序の重要性と銃

政府の根本的な存在意義は、秩序を作り出し、維持することにある。社会秩序の形成と維持は、古典古代以来の政治学の中心テーマだった。例えば、トマス・ホッブズは、自然状態における社会は「万人の万人に対する闘争」の状態となるため、その危険を回避するために、独占的な暴力装置たるリヴァイアサンの形成が必要だと主張している。もちろん、秩序の維持は政府にとっての唯一の目的というわけではなく、市民的自由の擁護も重要である。だが、人は自由がなくとも秩序を得ることができるが、秩序が保たれていなければ自由を享受することはできない。社会秩序維持は政府の最優先課題なのである（ハンチントン 1972）。

民主政治も統治の一形態である以上、社会秩序の維持はその運営のための不可欠の前提となる。いかに民主主義の基礎となる市民的自由が重要だからといって、市民的自由を過度に尊重する結果として社会秩序を崩壊させ、政治を破壊するのは本末転倒である。それ故、市民的自由と社会秩序のバランスをいかにとるかが重要な論点となる。[2] 統治の基本原則を定めた文章である憲法は、この問題を考える上で重要な役割を果たしている。

社会秩序を維持する上で、統治機構が一定の権力を行使する必要がある。他方、統治機構による権力行使は市民的自由を侵害する危険を伴っている。秩序維持を名目として、政府が反対派や少数派を弾圧する国も存在する。民主主義を統治原理とする国では、政府が恣意的に権力

（1）このほかにも、様々な要因が存在する。例えば、銃の存在は人々を平等にするとか、礼儀正しくするという議論がある。銃がなければ力の強い者が弱い者を暴力で押さえつけようとする可能性があるが、弱い者が銃を持っていれば暴力の点で勝るものに平等に渡り合えるかもしれない（このような主張をするフェミニスト団体も存在する）。そして、他の人が銃を持っているかもしれないと考えれば、失礼な行動をすることなく、慎み深く行動するようになるとの主張も時折展開される（半沢 2009）。

（2）以降の社会秩序と市民的自由に関する議論は、西山（2018, chap. 6）参照。

を行使して人々の権利を侵害することがないように、制度的歯止めをかける必要がある。

世界で最も早い段階で共和主義、民主主義を統治の基本原則として掲げたアメリカでは、連邦政府の権力増大を抑制するために、いわゆる三権分立を定めるとともに、連邦制を導入した(3)。立法機構、行政機構、司法機構を分立させてそれぞれに権力を分有させることを定めた前者は、行政を掌る大統領が、大きな権力を持って人々の権利を侵害した絶対王政期のヨーロッパの君主のようにならないようにすることを目的としていた。後者の連邦制とは、連邦を構成する諸州がそれぞれ主権と憲法を持ち、その一部を連邦政府に移譲することで連邦政府を構成する制度である。州政府と連邦政府に主権を分有させることで、それぞれの政府が強大化し過ぎるのを抑制しようとしたのである。

この三権分立と連邦制は、それぞれ機能的、空間的に権力を分立させることを目指したものであり、日本と比べて権力が集中するのを抑制している。日本については、首相が国会議員から選ばれるとともに、閣僚の過半数が議会に議席を持つことが要求されているように、制度的に見れば行政部と立法部の権力の融合が目指されている。日本の首相は議会の多数派によって支えられているため、アメリカの大統領よりも大きな権力を行使することができる。また、日本はアメリカと異なり単一主権制の国家であるため、主権を持つのは中央政府のみである。

このように、日本と比べて、アメリカでは行政部の長が大きな権力を行使することが制度的に制約されている。これは、アメリカで社会秩序を形成・維持するために連邦政府にできることに大きな制約があることも、意味している。

アメリカでは、常備軍と官僚制は君主政を維持するための制度と見なされ、その存在が大きくなるのを回避しようと試みられてきた。建国当初のアメリカでは、国内の秩序維持を担う官僚である警察も圧政の手段と化す可能性があると見なされ、それが大きな役割を果たすという考えには強い支持が得られなかった（西山 2012a）。

とはいえ、建国者たちにとっても秩序維持は重要課題だった。一七八六年から八七年にかけてマサチューセッツ州で発生したシェイズの反乱に見られるように、独立戦争後のアメリカ社会に不満を感じた人々が暴動を起こす危険性もあった。

それを踏まえ、建国者たちは、治安法の制定などを通して連邦レベルで思想の次元での秩序維持を図る一方で、実際の物理的な秩序維持は州以下の政府に委ねることにした。その結果、アメリカの治安維持活動は、地域の特性に応じて異なる性格を持つようになる。ニューヨークやボストンなどの北東部の都市は人口密度が高かったこともあり、自治体警察を作るのが効率的な方法だった。他方、農村部は、地理的に広大であるにもかかわらず人口が少なかったため、

（3）アメリカ政治の基本的特徴と権力分立については、西山（2018, chap. 2）。

警察機構を整備するのは効率的な方法ではなかった。そのため、これらの地域では、社会秩序維持のために自警団が発達した。自警団は、社会秩序維持と犯罪者の制圧を目的としていたが、望ましい社会秩序とは何かを定め、秩序を維持するために用いる方法の妥当性を判断する役割も自ら担っていた[4]。政治家が法律を作り、それに基づいて警察が取り締まりを行い、その妥当性に疑念が生じた場合には裁判所が判断する――今日ならば、政治家、警察、裁判所がそれぞれ果たすべき役割を、自警団は全て担っていたのである（西山 2012a; 西山 2018, chap. 6）。

社会秩序の形成について、政府の果たす役割を重視する「上からの」秩序形成と、市民社会の自発性を強調する「下からの」秩序形成という二つの方法を仮に区別するならば、アメリカでは、「下からの」秩序形成の考え方が強いことが特徴である。そして、このような秩序維持方法を可能にしたのが、銃の存在なのである。

合衆国憲法修正第二条

アメリカにおいて銃に特別な位置が与えられていることは、合衆国憲法の規定にも明確に示されている（富井 2002; 松尾 2008）。

まずは、銃に関しては合衆国憲法の修正条項で規定されていることが重要な意味を持つ。合衆国憲法の修正第一条から第一〇条までには、一般に権利章典と呼ばれるものが規定されている。権利章典が修正条項として定められているのは、憲法制定時、人々の権利を保護することは州の任務であり、合衆国憲法で定める必要はないと多くの代表者たちが考えていたことに起因する。しかし、人々の市民的自由を保証することが合衆国憲法に対する支持を得る上で不可欠であると徐々に認識されるようになり、権利章典が最初の一〇個の修正条項として加えられた。合衆国憲法は、複数の機関に権力を分有させ、連邦政府と州政府に権力を分立することで、独占的権力の出現を抑制することを目指した。さらに、人々の権利を修正条項に規定することで、政府による市民的自由の侵害が起こらないよう、工夫された。その中に銃に関する規定が含まれたことは、銃が市民的自由を維持する上で重要な役割を果たすと考えられていたことの表れである。

合衆国憲法修正第二条の規定は、英語では、"A well regulated Militia, being necessary to the security of a free state, the right of the people to keep and bear Arms, shall not be infringed" となっている。これを部分的に日本語に訳せば、「規律ある民兵は、自由な state の安全にとって必要であるから、人民が武器を所有しまた携帯する権利は侵してはならない」となるだろう。そして、この解釈には難しい問題が少なくとも二つ伴っている。

(4) 今日でも、銃を利用した街頭犯罪の多い都市部では警察などを中心に銃規制を強化すべきとの主張が強いのに対し、人口密度が低く犯罪率も低い農村部では、自衛のための銃所持の必要性が強調されている。

一つ目の問題は、「規律ある民兵」の必要性について論じられていることをどう考えるかである。この点は、独立戦争時のアメリカはまだ国家になっていなかったために常備軍が存在しておらず、民兵が革命の主体となったことの反映である。だが、その深い意味を理解するためには、建国期のアメリカでは共和主義が建国者たちの基本的哲学とされていたこと、また、イギリスのコモン・ローが合衆国憲法の制定に影響を与えたことに注意する必要がある(5)。

共和主義は、各人が私益よりも共通の善、全体の福祉を追求することを重視する考え方であり、そのための前提として、市民が公徳心を持っていることが重要だとされた。そして、伝統的にイギリスでは、民兵の経験は独立した自己統治の経験を生み出すと考えられてきたため、民兵としての自覚を持つ人々は圧政から共同体を守り、共通善を維持、発展させていくことができると考えられていた。今日、民兵という要素を強調するのは時代錯誤だと思えるかもしれないが、民兵は、能動的に政治に参加する市民、並びに、圧政への抵抗を象徴するものと考えられているのである。

二つ目の問題は、state の意味である。この言葉には州と国家という両方の意味がある。仮に state が州を意味するのであれば、修正第二条は民兵を組織するための州の権利を定めたものという意味となるので、州政府がその権利を放棄するならば、州民による銃の所有や携帯を規制する権限を州政府が持つと解釈することができる（州権説）。この立場は、今日では、銃規制推進派がその採用を求める立場である。他方、stateを国家＝アメリカ（連邦）と解するならば、武器を所有し携帯する権利は個人に対して与えられていることになり、包括的な銃規制は憲法改正をしない限り不可能ということになる（個人権説）。この立場は、今日では、銃規制反対を唱える人々の立場を法的に根拠付けるものとされている。もっとも、個人権説をとる場合でも、武器を携帯できる場所や、携帯できる武器の種類などについて規制を行うことは可能だと考えるのが一般的である。

このどちらの解釈が正しいかをめぐって、大きな論争が繰り広げられてきた。銃規制反対派に加えて、州裁判所の判例は個人権説をとることが多かった。連邦最高裁判所は伝統的に州権説をとっていたが、二〇〇八年の判例では個人権説を採用した。そのため、今日では包括的な銃規制を行うのは、憲法改正をしなければ困難になったと考えられている。

以上述べてきたように、政府が圧倒的な力をもって圧政の主体となるのを抑制するために銃が必要だという考えは、今日銃規制が進まない背景の一つとして重要な意味を持っている。先ほど、アメリカ国民の多くは穏健な銃規制を支持していると説明した。先ほどとは別の調査結果をあげるならば、アメリカ国民に銃購入希望者の身元調査をすべきかを問うと八三％がすべ

（5）建国期のアメリカの政治状況と共和主義については、中野（1993）、五十嵐ほか（2008）、斎藤（1992）、ウッド（2016）などを参照のこと。

きだと回答している。他方、同じ調査で連邦議会上院がその法律を通すべきかと問うと支持率が二〇%も下がってしまう（Cook & Goss 2014, 179）。これは、アメリカ国民の連邦政府に対する警戒感の表れだということができるだろう。連邦政府に対する不信の強さが、銃規制が進まないことの大きな理由となっているのである。

三　都市と農村の対立

銃規制が進まないもう一つの理由として、都市と農村の対立の問題がある。アメリカでは都市部では銃規制推進派が多く、農村部では銃規制反対派が多い。その結果、ニューヨークやロサンゼルスなどの大都市から選出された連邦議会議員は銃規制推進の立場をとるが、農村地帯が選挙区となっている議員は銃規制反対の立場に立つ。そしてアメリカ国内全体を見れば農村地帯の方が圧倒的に広いのである。

ではなぜ都市部では銃規制推進派が多く、農村地帯では銃規制反対派が多いのかといえば、面積と人口密度の問題がある。アメリカの都市部は日本の都市部と同様、人口密度が高い。都市部で犯罪が起これば日本の一一〇番にあたる九一一番への通報で比較的早く警察が駆けつけてくれる。だが、アメリカの農村地帯では、隣家に行くのに車で数十分かかることもある。そのような場所で怪しい人物を見かけたり、犯罪が起こったりした場合に九一一番通報をしても、警察が現場に来るのに時間がかかるため、ほとんど意味をなさないのである。農村地帯の人々が、危険な人間に対抗するための自衛手段がなければ自分の生命と財産が危ないと考えるのは自然なのである。

都市部では何かあったら警察に頼ればよいと考えるため銃規制推進派が多く、農村地帯では銃がなくては安全を守れないため銃規制反対派が多数を占める。このような背景の下、銃規制推進派と反対派の間で様々な議論がなされるが、統計的に見ると銃規制推進派にとって都合の悪いデータの読み方ができる。人口当たりの銃の数が多い地域ほど銃による犠牲者が少ないという関係性が出ているからである。銃による犠牲者が多い地域は、銃乱射事件が起こりやすい人の多い場所、つまり都市部に多い。だが、都市部は先ほど述べたように、人口当たりの銃所持率は低い。他方、アメリカで人口当たりの銃所持率が高い地域は、自衛のため、あるいは野生の獣を狩るために銃を所持している人が多い農村地帯である。そしてアメリカの農村地帯は治安が良好であることが多い。

このような事情によって、統計上は、人口当たりの銃の数が多いところほど犯罪が少ないことになる。この統計を根拠に、銃乱射事件が起こった場合に、規制を強化するのではなく、むしろ緩和して多くの人が銃を持てるようにすれば治安がよくなるとの議論が沸き起こる（Lott

2010）。そして、農村地帯に住んでいる人たちは、自分の身を守るために、多くの人に銃を持たせるべきだと主張するのである。

四　銃規制をめぐる政治過程

政党政治と利益集団政治

銃規制のパラドックスが解消されない背景に、小さな政府という原則を重視する観点から建国期には警察が一元的に整備されず、秩序維持の多くを国民の自発性に頼ったこと、そして、それを可能にする合衆国憲法の規定が存在したことを指摘した。また、社会の次元でも都市部と農村部の間で銃規制をめぐって見解の相違があることも指摘した。では、そもそも、アメリカ国民の多くが穏健な銃規制を支持しているのであれば、なぜ、その実現を目指して政治家が立法活動をしないのだろうか。

いわゆる五五年体制下の日本で政治改革が目指された時、小選挙区制を導入し、二大政党政治を実現することが日本の進むべき道だと主張されたことがあった。そこで強調されたのは、小選挙区制の下では二大政党が様々な争点についての立場を明確にし、その是非をめぐって活発な議論が展開されるということだった。では、二大政党制の「本場」ともいえるアメリカでは、銃規制をめぐって政党が活発に議論を展開しているのだろうか。

二〇一六年の大統領選挙の各党候補の選出段階においては、共和党の各候補が銃規制反対の立場を明確にし、民主党の筆頭候補であるヒラリー・クリントンが銃規制推進の立場を明らかにしていた。この状況を考えれば、日本でしばしば指摘されたような、小選挙区制と二大政党制のメリットが銃規制に関しても実現されているように思う人がいるかもしれない。しかし、民主党側でクリントンに対抗していたバーニー・サンダース候補は、銃規制反対の立場を長く示していた。そもそも、二大政党はともに銃規制に消極的な姿勢を長い間示してきた。

アメリカの政党政治で、銃規制が大きな争点となってこなかったことを理解するためには、アメリカの政党の性格がヨーロッパや日本とは大きく異なっていることを踏まえなければならない（西山 2018, chap. 4）。政党政治で何かが争点となるためには、政党間でその問題をめぐって立場の相違が存在しなければならない。だが、アメリカの政党は争点に関して、そもそも明確な立場を示さず、異なる立場の政治家を抱えることが多いのである。

それには少なくとも二つの要因を指摘することができる。第一に、議院内閣制を採用している日本とは異なり、大統領制を採用しているアメリカでは党議拘束が存在しにくいことが大きな要因となっている。議会多数派が行政部の長である首相を選出し、支えることになっている議院内閣制の下では、議会多数派（与党）は行政部の長を支えるために党議拘束をかけるのが一般的である。これに対し、大統領と連邦議会議員が異なる選挙で選ばれ、一方が他方を選出する関係にないアメリカでは、連邦議会は大統領を支える必要がない。連邦議会多数派と大統領を同じ政党が占める状態であったとしても、行政部の長である大統領と立法部たる連邦議会は抑制と均衡の関係に立つことが想定されている。このような状態のため、大統領と議会の方針が異なるのも一般的であり、日本でいうところの党議拘束を想定することは難しい。

第二に、アメリカの二大政党が候補の公認権を持っていないことも重要な意味を持つ。これは、二〇一六年大統領選挙で、共和党主流派が好ましく思っていなかったドナルド・トランプが党の大統領候補となったことを見ればわかるだろう。アメリカでは、政党間で争われる本選挙の前に、政党の候補を決定するための予備選挙や党員集会が行われており、その結果を踏まえて全国党大会で候補が決定されることになっている。そのため、党主流派が想定していない立場をとる人物が党の候補となる可能性がある。これは、アメリカの政党が選挙区ごとの候補の連合体としての性格を持つことも意味する。

このような要因のため、銃規制に関する候補の立場は、それぞれの選挙区の事情によって変わってくるのである。

利益集団――全米ライフル協会（NRA）

候補者が政策上の立場を決定するのに重要な影響を及ぼしているのが、利益集団である[6]。政治において、利益関心を同じくする人々が集団を組織して、利益関心の実現を図ることがある。そのような自発的結社のうち、既存の政府機関とそれを構成する人員の存在を前提として、それらを介して目的を実現しようとする集団のことを利益集団と呼ぶ。

利益集団のうち、組織としての凝集性が高いものは影響力が大きい。利益集団は、候補に対して強いメッセージを送ったり、献金を行ったり、選挙の際に大規模な動員を行ったりすることがある。アメリカでは投票率は概して低く、大統領選挙でも五〇％程度のことが多い。予備選挙や党員集会に際してはさらに参加の度合いが低く、一〇～二〇％程度（場合によるとそれ以下）となることが多い。そのような中で、利益集団が構成員を動員すれば、候補に対して大きな影響力を及ぼすことができる。

銃規制に関して最も大きな影響力を行使している利益集団は、全米ライフル協会（ＮＲＡ）である。ＮＲＡは「銃が人を殺すのではなく、人が人を殺すのだ」というスローガンを掲げて

（6）以後の議論は、西山（2016a）を再構成したものである。詳細な注は同論文を参照していただきたい。

おり、銃規制に反対する立場をとっている。二〇一一年当時二億三〇〇〇万ドルの年間予算を持ち、公称四五〇万人（おそらく実態は三四〇万人）の会員を擁していた（Cook & Goss 2014, 190-191）。

全米最強のロビー団体と称されることもあるNRAの政治力は、二〇〇〇年大統領選挙の際に大いに発揮された。当該選挙は、当時副大統領であったアル・ゴア（民主党）と、テキサス州知事のジョージ・W・ブッシュ（共和党）の間で大接戦となり、接戦州であるフロリダ州の勝敗をめぐって訴訟合戦になった。だが、ゴアはテネシー州で勝利していれば、フロリダ州の結果にかかわらず、大統領に就任することができた。副大統領となる前にゴアが、テネシー州選出の連邦下院議員、連邦上院議員だったことを考えれば、フロリダ州よりもテネシー州で敗北したことの方が驚くべきだろう。

ゴアがテネシー州で敗北したのは、ゴアが拳銃の所持を許可制にすることを含む銃規制強化を主張したことがNRAの逆鱗に触れ、NRAがテネシー州で反ゴア・キャンペーンを展開したことが大きな理由だといわれている。そして、多くの政治家は同選挙でNRAの強さが示されたと認識し、NRAの意向に反する立場をとると選挙で不利になるという教訓を導いた。その結果、銃規制推進を訴える候補は次の選挙以降減少したのである。(7)

ＮＲＡの強さの源泉①――組織力とアクセス

ＮＲＡがしばしば最大のロビー団体だと称される背景には、その大きな組織力がある。ＮＲＡは銃所持の権利擁護という大義のために積極的に活動する会員を多く擁しており、銃規制に関する話題が出そうな会合に参加したり、政治家に手紙を書いたり、銃規制推進派候補に対する追い落とし運動をするなどの活動をしている。

ＮＲＡは、会員がＮＲＡに所属し、積極的に活動に関与するための誘因を与え続けている。これまでの章で「割れ窓理論」の提唱者のひとりとして登場したジェイムズ・Ｑ・ウィルソンは、利益集団が組織を維持するために会員に与える誘因を、物質的誘因、連帯的誘因、目的的誘因の三つに整理している（Clark & Wilson 1961; Wilson 1973）。ＮＲＡは政府の余剰銃器を払い下げてもらう独占的権利を持っていた時期も長く、会員に物質的誘因を与えることに成功してきた。また、射撃教室などの機会を作って、会員が相互に交流し、一体感を得るための連帯的誘因も提供してきた。そして、銃規制反対をアメリカ的価値を擁護する活動と位置付けた上で、銃に関連する事件が発生するたびに浮上する銃規制強化の試みをつぶすことで、アメリカ的価

（7）ワシントンＤＣで影響力のある利益集団の順位付けを行っている『フォーチュン・マガジン』では、ＮＲＡは二〇〇一年以降、第一位の評価をうけ続けている（Spitzer 2015, 122-123）。

値を守っているという達成感を会員に持たせることができた（Cook & Goss 2014, 194; Spitzer 2015, 104-107）。このような、集団の大義にかかわる目的的誘因は、メンバーの情熱を保つ上で重要な意味を持つ。

また、ＮＲＡは、アメリカ政府の構造に対応した組織を効果的に作り上げてきた。ＮＲＡは、連邦、州、地方、それぞれのレベルごとに、立法、行政、司法の各部門を対象として行動するための組織を持っており、それぞれが効果的に活動することができるよう、制度的に支援を行っている（Goss 2006）。

さらに、ＮＲＡが政策決定過程の中枢部にアクセスを持っていることも特筆に値する。本章の冒頭で、銃と弾丸が消費者製品安全委員会の管轄対象から外れていることを指摘した。これは、ＮＲＡが政策決定の中枢部にアクセスを持っていたためである（Spitzer 2015, 107-108）。

一九七二年に創設された消費者製品安全委員会は、商品が消費者の健康や安全に危害を及ぼさないかを検証し、規制する役割を担っている。その創設に際し、当該委員会がどの分野を対象にするかが大争点となったが、審議の際、銃規制反対派は目に見える形では積極的な役割を果たさなかった。だが、下院の消費者委員会委員長を務めていたジョン・ディンゲルは、銃と弾丸をその対象から除外する規定をひそかに挿入した。ディンゲルは、ＮＲＡの役員を務めていた人物である。重要法案が数百頁を超えることも珍しくないアメリカでは、立法過程で法案の詳細について厳密に検討されるわけでは必ずしもなく、立法段階で委員会の重要人物が目立たない形で条項を挿入するのも珍しいことではない。この規定についても、立法過程で注目されることはほとんどなかった。しかし、この規定は銃規制推進派が規制強化のために消費者製品安全委員会を活用する機会を効果的に封じている（Spitzer 2015, 107-108）。

政治学では、特定争点について対立がある際にどちらが勝利したかということも権力の強さを測る重要な指標だとされるが、それ以上に、潜在的な問題を非争点化する力、すなわち非決定権力がより次元の深い権力だとされている（Bachrach & Baratz 1962; Bachrach & Baratz 1963; Lukes 1974）。ＮＲＡが政策決定過程で重要な役割を果たす人々へのアクセスを持っていることは、銃規制に関する重要な問題が公的に争点化されるのを防止する場合がある。

ＮＲＡの強さの源泉②――政策的立場と選挙支援策

ＮＲＡが大きな影響力を行使できる背景には、その政策上の立場が、強硬ながらも現実主義的だということがある。報道等で、ＮＲＡは銃規制について一切の妥協を認めない強硬派だと紹介されることがあるが、正確ではない。ＮＲＡは銃規制強化に強く反対するものの、重罪判決をうけた者への銃所持規制を認めるなど、既存法規は遵守することを方針としている。銃規制に一切妥協しない米国銃所有者協会やリバタリアンのケイトー財団は、原理主義的な観点からＮＲＡの現実主義路線を強く批判している。ＮＲＡは、熱心な活動家の支持を維持できるほどには強硬な立場を示すものの、既存法規遵守を主張する現実路線をとっているため、現職政治家と協力関係を維持することができるのである（西山 2016a, 92-95）。

また、ＮＲＡの選挙支援策が巧みであることも、大きな影響力を行使することができる背景にある。メディアでは、ＮＲＡは共和党の強固な支持団体だと説明されることがある。ＮＲＡが民主党候補より共和党候補を推薦することが結果として多いのは事実だが、共和党を支持することを当然としてきたわけでもないことに注意する必要がある。

まず、ＮＲＡの政治活動委員会からの献金先については、現職候補に対する割合が高い。民主党候補よりも共和党候補に対する献金額の方が多いのは事実であり、一九七八年から二〇〇〇年までの間で、ＮＲＡの献金の八四％が共和党候補に届けられている。二〇〇〇年の選挙においたっては、ＮＲＡ資金の九四％が共和党候補に届けられている。しかし、二〇〇八年には二二％が、二〇一〇年には二九％が民主党候補に献金されている（Cook & Goss 2014, 102）。

ＮＲＡが共和党候補に不利な行動をとった例も散見される。顕著な事例を三つ紹介すれば、第一に、一九九二年の大統領選挙でＮＲＡの生涯会員であった現職のジョージ・Ｈ・Ｗ・ブッシュを支持せず、献金も行わなかった例がある。ブッシュの対立候補は銃規制推進派のビル・クリントンだった。にもかかわらず、ＮＲＡがブッシュを支持しなかった理由は、彼が一九八九年に半自動ライフルの輸入を禁止する決定を行ったからだといわれている（Spitzer 2015, 112-113）。

第二に、一九九六年の大統領選挙で、現職候補がクリントンだったにもかかわらず、共和党候補のボブ・ドールを支持しなかったことがある。その理由は、ＮＲＡが一九九四年に突撃銃（アサルトライフル）禁止の撤回を目指していたにもかかわらず、ドールがそれに協力しなかったためだとされている。なお、ドールは長らくＮＲＡの方針を支援していた人物だった（Spitzer 2015, 113）。

第三に、一九九〇年にＮＲＡがヴァモント州選出の共和党連邦下院議員であるピーター・Ｐ・スミスの落選キャンペーンに一万八〇〇〇ドルを投じた事例があげられる。スミスが一九八九年に半自動銃（セミオートマチックライフル）を禁止する法案の共同提案者となったことがその原因だとされている。なお、スミスを破ったのは同法案支持を表明していた、バーニー・サンダースである。サンダースはスミスの敗北から学習したためか、それ以降はＮＲＡの意向にそって銃規制強化に反対している（Spitzer 2015, 109-110）。

以上の例を見れば、ＮＲＡが共和党候補を優先して支持しているわけではないことがわかるだろう。これらの事例から推察されるＮＲＡの戦略は、まずは現職候補に着目した上で、現職候補がＮＲＡの立場を全面的に支持している場合にはその候補を支持する、しかし、現職候補がＮＲＡの立場に反する行動をとった場合には、懲罰としてその候補を支持しない（場合によるとその対立候補を支援する）ということである。ＮＲＡが共和党と関わりが深いのは、民主党が銃所持率が低く銃犯罪が多い都市部を地盤としているのに対し、共和党が銃所持率が高く銃犯罪の少ない農村部を地盤としていることの結果だといえるだろう。

このＮＲＡの戦略は、銃規制推進派の有権者を多く抱えている候補の行動を変えることはできないだろう。しかし、有権者内に銃規制推進派が必ずしも多くない選挙区を地盤にする候補にとっては、候補自身が銃規制に大きな関心を持っていない場合には、ＮＲＡの立場に沿った行動をとることが合理的な戦略となる。

一般的な想定とは異なり、ＮＲＡは特定の政党と密接な関係を持たず、政党に関係なく候補に対する支持・不支持を決定するが故に、現職候補に対する脅迫能力を持っている。これが、ＮＲＡの強さの源泉の一つとなっているのである。

銃規制推進派の弱さ

銃規制のパラドックスが起こるもう一つの背景には、銃規制強化を望む人々が銃規制推進を目指す利益集団に積極的に参加していないことがある。

著名な銃規制推進派団体としては、「銃暴力防止のためのブレイディ・キャンペーン」（以下、ブレイディ・キャンペーン）や銃暴力阻止連盟（ＣＳＧＶ）がある。前者は、一九七四年に創設された拳銃統制全国会議が拳銃統制社という名を経て、二〇〇一年にこの名前に改称した団体である。ブレイディという名は、一九八一年のロナルド・レーガン大統領暗殺未遂事件の際に、レーガンをかばって撃たれ、障害を負ったジェイムズ・ブレイディからとられている。ジェイムズの妻のサラ・ブレイディが一九八九年から二〇一二年まで代表を務めていたことでも知られている。[8]後者のＣＳＧＶはメソジスト教会によって設立された拳銃禁止全国会議から改名したものである。[9]

銃規制推進派団体の参加者は、二〇〇〇年代初めの段階で、ＮＲＡの七％程度と見積もられている。ブレイディ・キャンペーンとＣＳＧＶの収入は合計しても、ＮＲＡの収入のほぼ七％である。銃犯罪の被害者には、貧困なマイノリティが多く居住するスラムの住民が多い。銃規制推進派が資金を確保できない背景には、銃規制推進派には経済的に貧しい人々が多いことに加えて、（銃規制反対派にとっての銃製造業者のような）資金提供をしてくれる企業があまりないことがある（Cook & Goss 2014, 204）。

銃規制推進派団体は、人員の面でも銃規制反対派に比べて明らかに劣っている。その理由の

（8）ブレイディ・キャンペーンのホームページを参照。〈http://www.bradycampaign.org/〉, last accessed on March 10, 2016.
（9）銃暴力阻止連盟のホームページを参照。〈http://csgv.org/〉, last accessed on March 10, 2016.

一つに、銃規制推進派が追求する利益関心は、ただ乗りの問題を誘発しやすいことがある。銃規制推進がもたらす利益は、銃犯罪の減少、社会の安全という公共財だと考えられる[10]。この公共利益は、その実現に向けて積極的に活動したところで、容易に実現されるわけではない。仮に自らが積極的に関与した結果として社会の安全が確保できたとしても、安全という利益は銃規制推進運動に関与しなかった人にも及ぶ。そのような状態では、銃規制推進運動に関与せず、その成果にただ乗りした方が合理的になる。このような争点の性質が銃規制推進派団体の組織化を困難にしているだろう（Olson 1965）。

ただ乗りの問題を乗り越えて参加者を集めるためには、参加者に何らかの誘因を与えることが必要になる。しかし、銃規制推進派は銃規制反対派と比べて、そのような誘因を与えにくい。物質的誘因、連帯的誘因に関していえば、銃規制反対派も会報を発行したり会員が集う場を設けたりしている。しかし、それには大きな限界がある。それは、中核的な構成員である銃犯罪の被害者とその家族たちが、利益集団や社会運動に参加するために必要な各種資源を十分に持っていないことである。

利益集団を組織し、維持するためには様々なコストがかかるが、銃犯罪の被害者とその家族は、低所得コミュニティに居住していて、金銭的にも時間的にも余裕がなく、十分な社会的ネットワークを持っていないことが多い。そのような状態では、銃規制推進派団体が参加者に十分な物質的誘因を提供するのは困難である。また、連帯的誘因を与えるべく会合の機会を提供したとしても、旅費その他の様々な要因によって参加することのできない人が多い。

目的的誘因に関しても、銃規制反対派と比べると銃規制推進派は大きな困難を抱えている。銃規制反対派は、基本的には提案された銃規制に団結して反対すればよい。他方、銃規制推進派は、規制の具体的な提案を行わなければならない。だが、銃犯罪を減少させるためにどのような対策をとるのが最も効果的かについては犯罪学者の中でも見解が分かれているため、提案の優先順位をめぐって争いが生じてしまう（銃所持の禁止が最も効果的だが、その実現可能性は低い[11]）。また、銃規制反対派が合衆国憲法修正第二条との関係でアメリカ的価値観を体現していると主張するのに対し、銃規制推進派はそのような主張をしにくいことも指摘できるだろう。

また、先に指摘したように、アメリカ政治は分節的な構造をしているため、政策立案を阻止

(10) 銃規制反対派は、逆に、銃の規制を解いて、多くの人が銃を持つようになれば、犯罪率は低下して安全が達成されると主張する。中でも、他人に見えないようにして銃を持つ人が多い地域では犯罪率が低下すると主張する人は多く、それを計量的に実証したと主張する研究も存在する（Lott 2010）。ただし、その研究には多くの問題が存在している。

(11) ノエル・ペリンによれば、日本では鉄砲伝来以来一〇〇年間で鉄砲の大量生産に成功し、西欧諸国にも勝る鉄砲使用国となった。にもかかわらず、豊臣秀吉の刀狩り（刀だけではなく鉄砲も対象とされた）を機に、日本は鉄砲ではなく刀剣の世界に戻った。このようなことがなぜ起こったのかは、興味深いといえよう。ただし、現在では刀狩りは一般にいわれるほど徹底されたものではないという研究が有力になっている（ペリン 1991; 藤木 2005; 武井 2010）。

するための難所が多く、銃規制反対派に有利である。銃規制反対派が、様々な規制を阻止することで達成感を得やすいのに対し、銃規制推進派は達成感を得にくい。

戦略面においても、銃規制推進派は多くの困難を抱えている。銃規制反対派は、連邦・州・地方の各レベルで、立法・行政・司法の部門ごとに対応する組織を形成して戦略を立てているが、銃規制推進派はそれだけの組織を確立するのに必要な資源を持っていない（Goss 2006）。また、銃規制推進を主張する政治家に対して献金を行う財政的余裕がないことに加えて、低所得者は政治参加の度合いが低いため、選挙の際の動員力もＮＲＡと比べると劣っている。

このように、銃規制推進派団体が銃規制反対派団体に比べて参加者が少なく、政治的に目的を達成することのできる度合いが低い背景には、争点の性格の問題や、銃規制推進派が経済的資源を十分に持っていないことがあるのである。

変化の可能性？

近年、このような限界を乗り越える可能性のある動きが登場している。それは、二〇〇二年から三期一二年間ニューヨーク市長を務めた、マイケル・ブルームバーグの試みである。二〇〇六年に、ブルームバーグはボストン市長のトマス・メニーノとともに一五の大都市の市長を集めて、銃器の取り締まりが緩慢な州から都市部に違法な銃器が流入するのを阻止するための会合を行った。大都市の市長がこのように集った背景には、銃に関する犯罪は主に都市で発生しており、都市住民は農村部の住民と比べて銃規制強化を主張する度合いが高いことがある。ブルームバーグらが組織した、違法銃器に反対する市長の会（ＭＡＩＧ）は、銃規制強化を求めるロビー団体となり、現職、元職合わせて一〇〇〇名以上の市長が参加するに至った[12]。

ブルームバーグは二七〇億ドルの資産を持ち、フォーブス誌による二〇一三年世界長者番付では一三位にランクされている。彼は二〇一二年に、銃規制強化を主張する政治家を支援するための選挙広告に一〇〇〇万ドルを提供すると宣言した。銃規制推進派は銃規制反対派に比べると経済的基盤が弱体で効果的な運動を展開することができなかった。ブルームバーグによるこの動きは、少なくとも経済的には、銃規制反対派に対抗し、それを上回ることを可能にしようとする試みである。

ＭＡＩＧは二〇一四年に「銃規制を求める米国の母親たち」という団体と統合し、「全ての街に銃規制を（ＥＴＦＧ）」となった。「銃規制を求める米国の母親たち」は、二〇一二年にコネティカット州のサンディ・フック小学校で起こった銃乱射事件をうけてシャノン・ワッツが

（12）本文中で後に述べるように、ＭＡＩＧは今日では、シャノン・ワッツが設立した、「銃規制を求める米国の母親たち」という団体と統合し、「全ての街に銃規制を（ＥＴＦＧ）」となっている。〈http://everytown.org/mayors/〉,〈http://momsdemandaction.org/〉, last accessed on March 10, 2016.

設立した団体である。ＥＴＦＧは一二万五〇〇〇人の会員を擁するＮＰＯ法人となり、広報活動に加えて、職場に銃を持ち込むことを容認する企業の商品をボイコットする運動を展開した。その結果、コーヒーチェーンのスターバックス、メキシコ料理チェーンのチポトレ、ディスカウントストアチェーンのターゲットなどが銃器の持ち込みを禁止するようになった。ブルームバーグは、個人資産から五〇〇〇万ドルを二〇一四年の中間選挙に投じた（Spitzer 2015, 118-119; Cook & Goss 2014, 204-205）。

二〇一八年の連邦議会選挙では、ＮＲＡが集めた資金よりも、ブルームバーグが個人で銃規制推進派候補に提供した金額の方が多かった。ブルームバーグは二〇二〇年大統領選挙で民主党候補となることを目指して出馬したが、選挙戦から撤退した後も、大統領選挙のみならず連邦議会選挙でも多額の資金を投じている(13)。

このように、銃規制推進派がＮＲＡを経済的に上回る事態が発生しているとともに、銃規制推進派による草の根運動も活発になる兆しを見せている。この運動はブルームバーグの個人資産に依存し過ぎているという問題を抱えているが、この費用を用いて草の根団体の組織化を進めれば、銃規制推進派の影響力が増大していく可能性もある。

銃規制推進派が政治的影響力をどの程度まで持ちうるか、今後の展開に注目する必要があるだろう。

五　むすびにかえて

本章は、アメリカの銃問題に関する違和感から議論を展開し、その中の重要な部分を「銃規制をめぐるパラドックス」として抽出して、その説明を試みてきた。そこでは、日本とアメリカにおける政府の役割についての考え方の相違、憲法の問題、政党や利益集団の性格など、様々な要因が重なり合って、アメリカの銃規制をめぐる政治が形作られていることが明らかになった。

本章で指摘したように、伝統的にＮＲＡは特定の政党と密接な関係を築いてきたわけでは必ずしもなかった。だが今日では、共和党支持の姿勢を明確にし始めている。その背景には、都市部を支持基盤とする民主党と比べて、農村地帯を支持基盤とする共和党の方がＮＲＡの立場と親和性が高いことがある。それに加えて、ブルームバーグが銃規制推進派の民主党候補を支援するようになっていることが、銃規制反対派を共和党の下に結集させていることもあるとい

(13) ブルームバーグが二〇二〇年選挙に多額の資金を提供した背景には、銃規制への熱意に加えて、トランプ大統領への反発があった。ブルームバーグは、都市・気候変動担当の国連特使に任命されて環境保護問題に熱心な姿勢を示しているが、トランプはその尽力を明確に否定する立場も示していたためである。

えるだろう。

今日のアメリカでは、二大政党の対立傾向が鮮明になりつつある。銃規制の問題もその例外ではないのである。

【追記】

本書の校正の最終段階になって、ＮＲＡが連邦破産法一一条の適用を申請した。だが、これはＮＲＡの財政状況が悪いという話ではなく、ＮＲＡが拠点をリベラルなニューヨーク州から、保守派が相対的に強いテキサス州に移すための措置である。事の発端は、ＮＲＡの最高責任者であるウエイン・ラピエールら幹部がＮＲＡに寄せられた寄付金を私的に流用したとしてニューヨーク州の司法長官がＮＲＡの解散を求めたことである。リベラルなニューヨーク州の政治家に対する反発としてＮＲＡが保守的な地域で活動を活発化しようという話であり、まさにアメリカ社会の分断状況を反映した出来事だといえよう。

第四章

麻薬取り締まり

マリファナ合法化を求めるニューヨーク市政監督官候補(2018年12月6日)
AP/アフロ

一　今日の薬物問題

二〇一六年大統領選挙に際し、共和党候補のドナルド・トランプは、「中南米からの移民は麻薬密売人や強姦魔だ」と発言して注目を集めた。第六章で説明するように、実際の中南米系移民はむしろ犯罪率が低いと考えられる。だが、トランプによるこのような反移民キャンペーンが一部の人によって支持された背景には、一部の都市部で薬物犯罪が大争点になっていたこと、それに加えて、今日のアメリカで流通している薬物については、マリファナやヘロインにメキシコ産のものが多く、コカインについてもメキシコ経由でコロンビアから流入しているという事実がある。このような事情を背景に、トランプやその支持者たちは、徹底した麻薬取り締まりを求めている。

他方、近年のアメリカでは多くの州でマリファナの使用が解禁されるようになっている。対麻薬戦争を始めたリチャード・ニクソン政権は、マリファナを最も危険な違法薬物という「スケジュール1」に分類し、ロナルド・レーガン政権の「ジャスト・セイ・ノー」キャンペーンもあって、黒人を中心とする多くの利用者が投獄された。現在でも連邦の政策ではマリファナの使用は違法とされている。だが、今日では多くの州で、まずは医療目的として、さらにはレクリエーション（娯楽）目的としても、その使用が非刑罰化されるようになっている。[1]この事態をめぐって、アメリカ国内でも当然ながら議論がある。

二〇一六年大統領選挙でトランプを支持した白人労働者層は、このような事態に批判的な人々が多い。だが、その一方で、それら白人労働者層を中心に、医療品に端を発するオピオイド危機が発生しており、薬物に起因する死亡率の増大が問題となっている。

本章では、今日のアメリカで大問題となっている薬物問題について検討する。まずは、薬物問題をめぐる独特の難しさに着目した上で、マリファナとオピオイドをめぐる問題について検討することにしたい。

二　薬物問題の難しさ

薬物犯罪のとらえ方

薬物犯罪については、どのような観点から考察するかによって、望ましい結果が変わってくる。薬物犯罪は、売春等と並び、一般に「被害者なき犯罪」と呼ばれる犯罪カテゴリーに入るとされる（シャー 1981）。もちろん、薬物を使用することによって判断能力が低下して、窃盗や性犯罪などに着手することはあるかもしれない。だが、その場合の被害は直接的にはあくまで窃盗や性犯罪に起因するものである。薬物を利用することによって自らの肉体や精神に異常をきたしたとしても、それによって直接、他者に危害を及ぼしているわけではないというのが、「被害者なき犯罪」という議論の論拠である。その議論については論争があるものの、このような被害者なき犯罪については、他の刑事法違反と比べて規制をする必要性は低いという議論はありうるだろう。

他方、コストという観点から分析する際には、規制を正当化することも可能になる。心身の不調をきたしたが故に病院に行き医療保険を利用するというような場合には、医療保険の利用を増大させて他の保険加入者に経済的負担をかける可能性が高い。そのため、他者への負担を軽減する観点から薬物犯罪を規制するという論理は政策的に正当化できるだろう。

また、コストに関する考慮をしなくとも、売春と同じく薬物の販売はモラルの観点から問題があるとして取り締まられる可能性は十分に存在する。薬物利用者に対して様々な恐怖や不安を抱く人がいることは理解できる。好ましくない行為は罰するべきだという規範的な観点から

(1) 麻薬の問題をめぐっては膨大な文献があるが、麻薬全般に関する基本的な事柄についてはKleiman et al. (2011)、マリファナについてはCaulkins et al. (2012)、佐久間（2019）で情報を得ることができる。本章で特段の文献注のない事実関係については、これらを含む複数の書籍等に記載のある事柄である。

取り締まりを要求する人もいるだろう（Morone 2003）。

民主政治においては、経済的合理性のみに基づいて政策を決定するのが望ましいと考えられるわけではない。その結果、政策的合理性がないと思われるような決定がなされる可能性は十分にある。薬物犯罪についてはこの傾向はより鮮明であり、その結果として、薬物取り締まり政策は往々にして失敗することが多くなるのである。

定義と規制の是非

薬物の定義も難しい（Kleiman et al. 2011）。一般的には、依存性があるとともに向精神性があるものを薬物と呼んでいるように思われる。依存という表現は一般には中毒という表現と区別せずに用いられることが多いが、脳のA10神経系において反応を示すものを依存と呼ぶのが適切だと考えられている。例えば、パチンコに行って中毒になる人はいるが、全くならない人もいる。だが、どのような真面目で清廉潔白な人であっても、ニコチンやアルコール、コカインやヘロインを摂取すると、必ず何らかの依存性を生み出す。それは、これらの薬物が脳のA10神経系に作用し、A10神経系はその経験を決して忘れないからだとされている。また、こうした依存においては、離脱症状（一般に禁断症状と呼ばれている）が程度の差こそあれ必ず発生する。

向精神性については、いくつかのバリエーションが存在する。例えば、覚せい剤やコカインは一般的には興奮系（アッパー）と呼ばれるのに対し、ヘロインやアルコールは抑制系（ダウナー）と呼ばれる。マジック・マッシュルームやＬＳＤなどは知覚変容をもたらすとされている。ただし、この区別についても注意が必要である。例えば一般にマリファナと呼ばれるカンナビスという植物には、およそ七〇〇種類以上の成分が含まれていると考えられているが、そのうち性質が解明されているのはテトラヒドロカンナビノール（ＴＨＣ）やカンナビジオール（ＣＢＤ）など一〇〇種類程度しかない。その中には興奮をもたらす成分も、抑制的な機能をもたらす成分も、知覚変容をもたらす成分も含まれており、その組み合わせ方によって発現する作用が異なるのが一般的である（Caulkins et al. 2012; 佐久間 2019; 阿部 2018; コニェッツニーほか 2019）。

依存性と向精神性がある物質を規制する必要があると判断される場合は存在するだろう。例えば幻覚を見ると同時に攻撃性が増すような場合には、他者に危害を及ぼす可能性が高くなることから、その危険を防止するために当該物質の使用を規制すべきだと主張されてもおかしくない。だが、依存性と向精神性がある物質の使用を必ず規制するべきだということにもならない。例えば、カフェインやシュガー、アルコールも依存性と向精神性を持ち合わせているが、その使用を規制していない国や地域が大半である。(2)

ドラッグは身体等に悪影響を及ぼす可能性が高いことを根拠に規制されるべきと主張されることが多いが、身体への影響の評価は医学の進歩によっても変わってくる。例えば、覚せい剤、コカイン、アヘン類（ヘロインなど）は今日、身体に様々な悪影響を及ぼすとして、多くの国で規制されている。だが、覚せい剤は日本でもかつては滋養強壮を目的とする医薬品として販売されていた。コカインの原料であるコカは、一九一四年以前はアメリカで今日のカフェインのように軽い興奮剤として使用されており、合法だった（コカはコカ・コーラの当初の組成材料の中に含まれていた）。現在でも中南米のいくつかの国では高山病を予防する効果があるとして摂取されることがある。アヘン類はケシの実から合成されるアルカロイドだが、その生成の仕方によってはモルヒネやコデインとして治療に用いられることもある。なお、ケシの実はマリファナの種（麻の実）と同様に七味唐辛子に入っているし、あんパンの上にのせて焼かれてもいるなど、身近な食材である。

ドラッグ規制をめぐる判断は、時代状況や社会の特徴によって異なるといえよう。

規制強化の妥当性

薬物が好ましくない影響を社会に及ぼすと判断し、規制しようとする場合、その方法の妥当性の判断も容易ではない。

一般には、好ましくない薬物については規制を徹底強化し、厳格に取り締まるのが望ましいと考えられがちである。だが、それは政策的に賢明とは限らない(3)。

一般に違法薬物の価格は高額だが、それは原価が高いからではない。違法薬物を売ることによって生計を立てる人々は、常に取り締まりのリスクに直面している。薬物の売り手は末端の売人でも数十人から数百人の買い手と取引することが多いので、取り締まり側にとっては薬物の買い手よりも売人を標的にするのが効率的である。売り手は、罰金や営業停止を命じられたり、逮捕されて収監されたりするリスクを考えれば、薬物を販売する際に多めに収入を確保しようと考える。また、おとり捜査の危険を最小化しようとして取引相手の範囲を限定する場合も、営業コストは高騰する。これらの結果、取り締まりが強くなればなるほど、売人は販売価格を上昇させることになる。

一般的な商品の場合は、価格が高くなるのにつれて人々の購入意欲は低下する。薬物の場合も、消費者の人数は減少するだろう。だが、薬物については依存性が高いため、価格弾力性は低くなり、一般的な商品と比べるならば取引量は減少しない。取り締まりを強化すると、単位当たりの利益率が高くなるとともに、取引量がさほど減少しない結果として、売人が得る利益

（2）アメリカでは一九二〇年から一九三三年までの間は、禁酒法（ボルステッド法）が定められ、合衆国憲法修正第一八条にもその内容が規定されていた。ただし、そこでは消費のためのアルコールの製造、販売、輸送が禁止されていたにすぎず、飲酒自体は禁止されていなかった。薬局では医療目的という名目でウィスキーが販売されており、医者もそのための処方箋を書くなどしていたのだった（岡本 1994; 岡本 1996; Burnham 1993; Morone 2003; McGirr 2015）。

（3）薬物政策に関する検討は、以下の書籍などから示唆を得た。ミラーほか（2010）; Bertram et al.（1996）.

はむしろ大きくなる可能性がある。その結果、違法薬物販売に着手しようとする人が増大する可能性もあるだろう。

また、取り締まりが強化されると、販売業者はできるだけ見つかりにくい商品を販売しようとする。例えば、純粋ヘロインとマリファナの販売を通して同じだけの利益を上げようとすれば、マリファナの場合は圧倒的に多くの量をさばかなければならない。秘匿を考えても、マリファナよりもヘロインを扱う方が効率的である。また、同じ商品を扱う場合でも、かさばるものよりも濃縮されて体積が小さくなったものを扱ったり、薬効の弱い物よりも強い物を販売して自分で薄めて用いるよう促してみたりするだろう。同じくコカインを売る場合でも、純度九〇％の物と一〇％の物を比べれば、高濃度な九〇％の物を扱う方が隠しやすく、効率的である。

この傾向は、買い手にも当てはまる。仮に、刑罰が違法成分の含有量とは無関係に所持量に応じて科されるならば、純度が高く量が少ないものを購入するだろう。濃度を低くして頻繁に利用すれば使用や所持が発覚する可能性が高くなるので、高濃度の物を集約的に使用する可能性が高くなるかもしれない（例えば、大量に希釈したコカインを液状で経口摂取するより、高濃度の物を鼻から吸引するようになるかもしれない）。その場合、過剰摂取の危険は増大するだろう。また、仮に使用時に濃度を下げようとして何かで希釈しようとしても、混ぜ物によっては副作用が大きくなる可能性もある。

また、薬物の規制が厳しい状態であると、いわゆる脱法薬物など、規制をくぐって開発された薬物が使用される可能性が出てくる。これらは違法薬物の化学式を若干調整することで、異なる物質だと主張することを目的として合成される。だが、すでに違法化されている薬物は、実はそれなりに社会に流通していてある意味「人体実験」がなされているといえ、取引が継続的に行われるほどには人体への悪影響が抑えられている。「人体実験」を経ていない脱法薬物は、身体への害がより大きい可能性もある。

さらに、取り締まりが強化されると、取引は闇で行われるようになる。公然と取引が行われる場合と比べて、販売される商品の品質に関する情報の信頼度が低下する可能性は高くなる。禁酒法の時代に、蒸留酒を致死性のメチルアルコールで薄めて販売する人がいた結果、失明などの健康上のリスクを負った消費者は多かった。今日でもマリファナにオレガノを混ぜたり、ヘロインに砂糖やアンフェタミンや殺鼠剤を混ぜたりして販売することがあると報告されている。

また、通常の商品であれば、金銭の回収など取引に関して問題が発生した場合には、裁判所などの公的機関を通して履行を強制することができる。だが、違法薬物に関してはそのような想定はできない。金銭回収に際しては私的な手段に依拠せざるを得なくなり、通例は暴力行為に秀でた人や集団——例えばギャング団など——が関与する度合いが高くなる。結果的に、商品取引を違法化すると、違法な活動に比較優位を有する人々が取引に参入する可能性が高くなる。

これに対して、例えば薬物の販売を合法化して穏当な規制をかけることにすれば、価格が安くなるとともに、品質保証もなされ、違法な団体が関与する度合いが下がる。そのように考えれば、薬物を違法扱いするよりは合法化、あるいは、非刑罰化（違法ではあるものの取り締まりを行わない）した方がよいと考えることも可能である。

とはいえ、薬物の合法化や非刑罰化を主張する論者は、厳格取り締まりを主張する論者と同様に、時に議論を単純化しすぎる傾向がある。その結果、望ましい薬物対策のあり方については、善か悪か、禁止か自由化か、個人の問題か社会的な問題かというように、過度に単純化された両極端な議論が展開されることが多くなる。

このように、両極化した形で議論が展開される結果、対立する陣営は相手方を徹底的に糾弾する戦術をとるようになる。そして、多くの人々の不安をあおる形で薬物の厳格な取り締まりが主張されることが多くなる。その結果、最終的には、薬物をめぐる政策については薬物取り締まりの厳格化は政策的に必ずしも好ましい成果を生まないにもかかわらず断固とした取り締まりが好ましいと考える人が多い結果として、取り締まりのさらなる厳格化が求められ、問題の解消につながらないというのが、これまでに見られるパターンだといえよう。

三　マリファナ

カンナビスには、癌、癲癇、多発性硬化症（MS）、緑内障、私的外傷後ストレス障害（PTSD）、睡眠障害、アルツハイマー病などの治療に効果があることが判明している。また、カンナビスを含む麻類に含まれるCBDはウェルネスの世界で注目される物質の一つとして、エステやスパ、ドラッグストアやカフェで売られるようになっている(4)。

とはいえ、カンナビスは素晴らしい効用のみを持っているというわけではない。先ほど、カンナビスには七〇〇ほどの成分があると考えられていると指摘したが、そのうちTHCは高揚感をもたらし嗜好的使用を促す一方で、脳の神経回路を破壊して記憶を消失させる危険がある。CBDには向精神性はないため嗜好的に使用されることはない。そして、THCやCBDには、それぞれ、眼圧を下げたり癌細胞を縮小させたり、睡眠を助けるなどの効果がある。

難しいのは、THCやCBDは個々の成分を分離して摂取するよりも一緒に用いた方が薬効がはるかに高い（アントラージュ効果）という特徴があることである。例えばCBDのみを抽出

(4) マリファナの性質については、Caulkins et al. (2012)、佐久間（2019）、阿部（2018）、コニェツニー・ウィルソン（2019）など参照。

して製品化したとしても効用は必ずしも高くなく、効果を上げるためには依存性のあるＴＨＣもある程度含む必要があるのである。

このように、マリファナには多様な側面があるため、その合法化をめぐって賛否両論があるのは半ば当然だといえよう。

マリファナ規制の歴史(5)

そもそも、マリファナは一九三四年の統一州麻薬法令により違法化されたが、それまでは様々な形で利用されてきた。一般に麻の花冠や葉を乾燥させたものをマリファナと呼ぶが(6)、麻は、茎や枝の繊維は縄や布の原材料として、種は食物として、花や葉などは医薬品として紀元前から用いられてきた。日本でも弥生時代から布を作るために麻が使われてきたし、神道では神聖な植物としてしめ縄や力士の廻しの原料として用いられてきた。ヨーロッパでも布の原料としての強さが注目されており、植民地時代のアメリカでは宗主国であるイギリスから栽培を要求されて、ジョージ・ワシントンやトマス・ジェファソンら建国者たちも大麻草を栽培していた。一九世紀半ば、麻の収穫量は綿と煙草に次いで、農作物で第三位だったという。

アメリカでも一九世紀には、今日では違法薬物とされるものが医薬品として用いられていた。アヘンは咳止めとして用いられていたし、コカ・コーラはコカインの原料となるコカから合成されていた。連邦政府が規制に乗り出したのは、一九〇六年の準食品医薬品法が最初だった。また、一九〇九年にはオピウム（アヘン）の輸入や所持が禁じられたものの、オピウムを用いた医薬品は規制の対象外とされた。そして、コカやアヘンなどの薬物の規制と課税が始められたのは、ウッドロウ・ウィルソン政権期の一九一四年に制定されたハリソン麻薬税法によってだった。

当時カンナビスは医薬品として用いられていたが、一九二〇年代にメキシコからの移民が大麻草を持ち込むようになると、メキシコ人労働者の多い州で大麻草が違法化された。一九二四年の移民法によってアジアからの移民の流れが止まって以降、メキシコ人労働者がアメリカ国内で重宝されたことが背景にあった。アメリカでは一九二〇年から禁酒法が執行され、アルコールの販売を目的とした製造や移動が禁止されていたが、私的な飲用は禁じられていなかった。禁酒法撤廃の要求は当初から強く、一九三三年には禁酒法が撤廃された。だが、大恐慌の影響が強い当時、メキシコからの労働者がアメリカ人の仕事を奪っているという主張がされる中、メキシコ人がカンナビスの取引に伴って治安を悪化させているとか、カンナビスを用いること

（5）薬物規制の歴史については、Musto (1999)、Musto & Korsmeyer (2002)、Musto (2008) などを参照。日本語では佐久間（2019）が優れた紹介をしている。また、吉川（2020）はマリファナ規制と連邦制の関係について、法学的な観点から検討している。
（6）大麻とは、麻の花冠、葉を乾燥または樹脂化、液体化させたもののことをいう。その中でも、花冠や葉を乾燥させたものをマリファナといい、花冠を喫煙する場合をハッシュシュ、樹脂を経口的に摂取する場合にガンジャということが多い。

によって「発狂」して治安を悪化させているという主張がなされるようになった。なお、大麻草はそれまでカンナビスと呼ばれていたが、メキシコ系スペイン語のスラングからマリファナと呼ばれるようになった。

大恐慌後の反移民感情を用いてカンナビスの規制を徹底的に行おうとしたのが、ハリー・J・アンスリンガーだった。信心深く、真面目で、仕事熱心だったアンスリンガーは禁酒局で副局長まで昇進していたが、一九三三年に禁酒法が撤廃された後、麻薬局の局長に任命された。禁酒局の多くの職員を引き連れて着任したアンスリンガーは、局が閉鎖されるのを防ぐためにも、薬物の厳格取り締まりを主張するようになる。その際には、危険ながらも使用者がさほど多くなかったアヘンなどよりも、使用人口の多かったマリファナの方が取り締まりが容易で成果を出しやすかった。マリファナは人を発狂させるという印象が流布する中、アンスリンガーは黒人がマリファナをやっているという人種差別主義的な訴えかけも行った。そして、センセーショナルに記事を書き立てるイエロー・ジャーナリズムの父として歴史に名を遺すことになるウィリアム・ランドルフ・ハーストの協力も得て、マリファナの使用は悪だという世論を作り上げていった。

ハーストが反マリファナ・プロパガンダを展開した背景には、父親から受け継いだメキシコ領内の広大な土地をメキシコ革命時に没収されたことによって生じたメキシコに対する嫌悪感があった。また、ハーストは材木から紙を作る工場に多額の資金を投資していたが、当時ヘンプから紙を作る機械が登場していたため、ヘンプによる製紙の可能性を減少させようという意図もあったとされている。なお、当時はデュポン社が化学繊維であるナイロンの製造に成功していた。ヘンプから作られた布地のシェアを下げてナイロンのシェアを増大させようという意図から、デュポン社もアンスリンガーやハーストともに反マリファナキャンペーンを展開したとされている。

実は当時、アンスリンガーが科学者や医師三〇人にマリファナについての質問状を送ったところ、二九人がマリファナを違法化することへの反対意見を表明した。だが、アンスリンガーらによる働きかけの結果、一九三七年にはカンナビスの医薬利用や取引に規制や税金を課すマリファナ税法が通過した。同法を根拠にアンスリンガーが率いる連邦麻薬局（現在の麻薬取締局（DEA）の前身）がカンナビスを使っていた医薬会社に圧力をかけたため、徐々にカンナビスは利用されなくなっていった。そして、一九四一年には合衆国薬局医薬リストからカンナビスは姿を消したのだった。

対麻薬戦争

第二次世界大戦中、麻は海軍用の物質調達の目的で短期間需要が増大したものの、それ以後は若者の非行や文化と結び付けられていく。一九五〇年代のロックンロールやビート文学、ジャズ音楽などと関連する形で愛用者が登場し、公民権運動やヒッピー文化、ヴェトナム反戦運動の展開の中で、カンナビスはカウンターカルチャーの象徴的存在となった。それらの運動を取り締まる過程で、マリファナ所持による逮捕者は急増していった。

その中で、ハーヴァード大学の心理学者で集団精神療法やLSDなどのサイケデリック・ドラッグを研究していたティモシー・リアリーがアメリカ政府相手に行った訴訟も大きなインパクトを持った。リアリーは、LSDやマジック・マッシュルームなどのサイケデリック・ドラッグの危険性を認めつつも、精神面での成長や知識の追求などのためにそれら薬物を利用したい人に使用ライセンスを与えるよう提唱していた。彼は、一九六五年にメキシコとの国境付近で少量のマリファナを所持しているのを発見されて逮捕され、翌年にはマリファナ税法違反で懲役三〇年という判決をうけた。

だが、リアリーは、連邦最高裁判所に上訴し、マリファナ税法の矛盾を追及した。リアリーは、ヘンプの栽培や所持に課税することを目的とするマリファナ税法を根拠として人々を逮捕するという法律の性格と運用方針に目を向けた。そして、納税するために違法物質の存在を届け出ることを求めるこの法律は、黙秘権の行使を認める合衆国憲法修正第五条に反すると主張した。連邦最高裁判所は一九六九年にリアリーの主張を受け入れ、その有罪判決を破棄するとともに、マリファナ税法を違憲としたのだった。

アメリカにおいて対麻薬戦争を本格化させたのは、同年に大統領に就任した共和党のリチャード・ニクソンである。一九六〇年代以降の文化戦争の中で、女性や同性愛者の権利拡大を主張する人々が登場した。また、「愛と平和」を説いてマリファナ合法化を訴えるヒッピーや反戦運動活動家も登場した。それらニューレフトの運動に反発を感じる保守派の白人の支持を得て当選したニクソンは、マリファナ税法の違憲判決をうけて、薬物全般を規制する政策を準備するよう、ジョン・ミッチェル司法長官に命じたのだった。

その成果が、一九七〇年に通過した規制薬物法である。この法律は薬物を五つのカテゴリー（スケジュール）に分類し、マリファナをヘロインやLSDなどとともに最も危険な違法薬物というカテゴリー（スケジュール1）に分類した。スケジュール1の禁止薬物は、乱用の危険性が高く、アメリカにおいて医療上の利用が認められておらず、医学的管理下でも安全に使用できないものと位置付けられている。当時は、一九五〇年代以降嗜好品として嗜まれるようになっていたヘロインについて、一九七〇年にカリスマ的ロック・スターであったジャニス・ジョプリンやジミ・ヘンドリックスが中毒死するなど、その問題性が明らかにされつつあった。また、一九七一年には民主党のモーガン・マーフィーと共和党のロバート・スティール両下院議員が、南ヴェトナム駐留中の米兵の約一〇％がヘロイン中毒に陥っているという報告書を下院に提出した。このような衝撃的な報告をもとにニクソンは、同年六月のスピーチで薬物乱用を「パブリック・エネミー・ナンバー1」と呼び、対麻薬戦争の開始を宣言した。そして、一九七三年には、薬物問題に対処するために麻薬取締局（DEA）を設立したのだった。

マリファナ合法化運動とレーガン政権の強硬策

マリファナの取り締まり強化に反発する動きも登場した。一九六四年にロウウェル・エッグマイヤーが、サンフランシスコの裁判所で公然とジョイント（大麻を紙で巻いたもの）に着火し、自分を逮捕するよう要求した。保守派リバタリアンのジェイムズ・ホワイトを弁護士として訴訟が提起されたが、その過程でホワイトは、「リーガライズ・マリファナ」（legalize marijuana、マリファナ合法化の意）を短縮したLEMARというマリファナ合法化運動を立ち上げた。LEMARは詩人のアレン・ギンズバーグらの賛同を得て全米的な組織へと発展し、カウンターカルチャーの一翼を占めるようになったマリファナ合法化運動を推進した。

現在、マリファナ合法化運動の中心として活動しているのが、一九七〇年にキース・ストロップによって創設されたNORML（National Organization for the Reform of Marijuana Laws）である。ストロップは、消費者運動活動家であるラルフ・ネーダーの設立した製品安全性委員会に入り、消費者保護の考え方とロビイング戦略を学んでいた。ストロップは、マリファナ利用者を消費者と位置付け、その利益関心を守るべくロビイングを行った。そして、一九六五年の投票権法の草案作成に関わったラムジー・クラーク元司法長官の協力を得たり、プレイボーイ財団から寄付を得て財源を固めたりした後、フォード財団が設立した薬物乱用協議会（ＤＡＣ）と協力して、ロビイングを活発に展開した。今日ではアメリカ法曹協会、米国医師会の執行委員会、キリスト教会全国協議会などからも賛同を得るに至っている。

ニクソン政権は一九七〇年に薬物規制法を通過させた後、元ペンシルヴェニア州知事のレイモンド・シェイファーを長とするマリファナおよび薬物乱用に関する国家委員会（通称シェイファー委員会）を設置し、マリファナについて調査を行わせた。その報告書は、マリファナは肉体的、精神的な害を短期的には及ぼさないという結論を導き、マリファナを非犯罪化するよう提唱した。ニクソン政権はその報告書を無視して対麻薬戦争を展開したが、同報告書に賛同する見解は様々なところで現れるようになった。

中でも、連邦政府の厳格化方針に反発する動きは州レベルで起こった。まず一九七二年に、弁護士のアーウィン・ラヴィンが、ライトが壊れている（したがって警官の検問の対象となる）ことを承知の上でマリファナを持った状態で車両を運転し、警察官に停められて、マリファナ所持で逮捕されるという事件をアラスカ州で起こした。アラスカ州の裁判所は、マリファナの取り締まりはプライヴァシーの侵害に当たるというラヴィンらの主張を受け入れ、ラヴィンは勝訴した。その結果をうけてアラスカ州は一九七五年に、成人の市民が自宅で少量のマリファナを所有、栽培、吸引することを認める決定を行った。

また、オレゴン州では、アルコールとマリファナの害について検討する委員会を結成し、一九七三年には個人によるマリファナの栽培、所持、吸引を重罪とせず「非刑罰化」する法律を制定した。公共の場で一定以上の分量を所持する場合には重罪とされるものの、少量であれば罰金が科されるだけとなった。マリファナ非刑罰化の方針は、一九七五年にアラスカ、メイン、コロラド、カリフォルニア、オハイオ各州で、七六年にはミネソタ、七七年にはサウスダコタ、ミシシッピ、ニューヨーク、ノースキャロライナ、ネブラスカ各州でも定められた。そして、連邦レベルでは、一九七七年には共和党のジェイコブ・ジャビッツと民主党のアラン・クランストン議員が、一オンス以下のマリファナ所持には逮捕ではなく一〇〇ドルの罰金を科すという非刑罰化法案を起草し、ジミー・カーター大統領もその法案を支持する意向を示すに至った。

だが、州レベルで制定された非刑罰化法案は、マリファナの使用が可能になる年齢について規定していなかったため、若者の間でマリファナの使用が急増した。ヘロインの流行もあり、全米各地で親たちが反薬物キャンペーンを展開するようになった。一九六〇年代のリベラル化への反動として一九七〇年代に社会的保守派が「家族の価値」を掲げて活動するようになり、世論も社会問題について急速に保守化していった結果、カーター政権は立場を急変してマリファナの取り締まりを強化した。

一九八〇年大統領選挙でカーターに勝利した共和党のレーガン大統領は、麻薬取り締まり厳格化方針を強く推し進めた。ファーストレディーであったナンシー・レーガンが麻薬問題に積極的に取り組む意向を示したこともあり、レーガンはあらゆる麻薬について「ジャスト・セイ・ノー」キャンペーンを展開した。実は一九八一年にスチュワート・マッキニーとニュート・ギングリッチという二人の共和党下院議員が、マリファナの医療使用を薬物取締法の例外として許可する法案を、一〇〇名以上の共同提案者を得て議会に提出したが、レーガンが拒否権を発動するのは明らかだったので、議会で投票されることもなく廃案となったのである。

ニューヨーク市の対麻薬戦争

これら対麻薬戦争の結果、アメリカの犯罪者数は激増した。とりわけ、人種的プロファイリングの結果として、黒人の収監者数が激増した。

対麻薬戦争を最も象徴的に示したのが、一九九〇年代にニューヨーク市などで行われた〝寛容度ゼロ〟政策である。第二章で記しているように、ニューヨーク市は犯罪多発都市として世界的に知られていた。その中で、初の黒人市長であったデイヴィッド・ディンキンズ市長は犯罪取り締まり強化を主張するビル・ブラットンをニューヨーク市交通局警察のトップに据えた。

そして、一九九三年の市長選挙でディンキンズに勝利したルドルフ・ジュリアーニはブラットンを市の警察本部長に任命し、犯罪学者のジョージ・L・ケリングらが提唱していた割れ窓戦略に則り、寛容度ゼロ政策を推し進めた（第一章、第二章参照）。そこでは職務質問や持ち物検査を徹底的に行い、マリファナ所持者を逮捕したが、その際には黒人や中南米系が主なターゲットとされたといわれている。その取り締まりは人権団体などから不当な人種的プロファイリングだと指摘されるようになり、マイノリティにとってはマリファナの問題は人権問題とも考えられるようになった。

ジュリアーニは二〇〇一年の九・一一テロ事件の後に任期を終えたが、その後を継いだマイケル・ブルームバーグは前政権の方針を引き継いだ。対テロ戦争が遂行される中、強硬な取り締まりが正当化されるようになり、ブルームバーグ市長の時代には、その手法は「ストップ・アンド・フリスク」（停止と捜査）と呼ばれるようになっていた。二〇一一年には、逮捕者数は六万五〇〇〇人を超えた。だが、その逮捕者の多くは実は起訴されておらず、無罪か、せいぜい違反チケットを切られるだけになっていた。そして、不当に逮捕されたと主張する黒人の原告団がニューヨーク市を相手取って二〇〇八年に集団訴訟（フロイド対ニューヨーク市）を提起し、二〇一三年には連邦裁判所の第一審に当たる連邦地方裁判所がストップ・アンド・フリスクに違憲判決を出した。それをうけて二〇一四年に市長に当選したビル・デブラシオは二五グラム以下のマリファナ所持と吸引については刑罰の対象とせず、公共の場での所持が見つかった場合にも罰金刑として処理することを発表したのである。

マリファナ合法化への道

ニクソンとレーガン以降の政権が麻薬取り締まり強化策を展開する一方で、マリファナを医療目的で用いることを提唱する動きが登場していた。若年性緑内障で数年後に失明するとの診断をうけていたロバート・ランドールは、友人からもらったマリファナを吸引すれば緑内障の原因となる眼圧の上昇が止まることに気づいてマリファナを栽培していたのが露見し、一九七五年に逮捕された。だが、ランドールは医療上の必要性を根拠に無実を主張するとともに、NORMLやプレイボーイ基金などの協力を仰ぎ、メディアを通じてPRを行った。その結果、一九七六年に連邦裁判所はマリファナの使用を医学的に必要と判断し、ランドールに無実の判決を出した。そしてランドールは、マリファナ研究を行っていたミシシッピ大学の研究プロジェクトに参加することによって、連邦政府から合法的にマリファナを入手できるようになった。その後、連邦政府は一九七八年に、医薬的に必要と見なされた一部の患者にマリファナを供給するプログラムを創設した。ランドールはマリファナのさらなる可能性を追求するべく、一九八〇年にカンナビス治療連盟という非営利団体を設立した。その働きかけもあり、一九八三年の時点で、研究目的で提供されるマリファナを受け取る患者を取り締まらないとする法律が三四州で成立した。

マリファナ問題に大きな影響を与えたのが、HIV／AIDS禍であった。現在では一九六〇年代にアメリカにHIVウイルスが持ち込まれていたのではないかと指摘されているが、疾病対策予防センターが未知の病を発見したと報告したのは一九八一年だった。アジドーティミジン（AZT）という化合物がその治療薬となる可能性があると一九八五年に判明したが、AZTは頭痛や食欲減退、腹痛、吐き気、嘔吐などの副作用を引き起こすため、その苦痛緩和を目的としてマリファナ利用を認めるよう求める運動が展開された。

その中心人物となったのが、サンフランシスコ在住のゲイの権利拡大運動の活動家であったデニス・ペロンだった。彼はサンフランシスコ市内での医療用大麻使用を認める条例の制定を目指す住民提案を一九九一年に実現し、七八％の賛成票を得た。この提案自体は法的拘束力を持たなかったが、マリファナを医療目的で用いることに賛成する市民が多いことが判明し、カリフォルニア州議会では医療マリファナ法案が提案された。法案は議会を通過したものの、ピート・ウィルソン州知事が拒否権を行使したため、成立しなかった。だが、サンフランシスコ市議会がマリファナ所持や医療目的の栽培の取り締まりの優先順位を引き下げる決議を採択したのをうけて、ペロンは一九九二年には医療用マリファナのディスペンサリー（大麻を合法的に入手できる販売薬局）を設置した。

そしてペロンらは、一九九三年には連邦政府に医療目的のマリファナ使用を認めるよう嘆願することを定めるカリフォルニア州上院決議を採択させた。また、ペロンらは一九九五年にNORMLなどの協力を得て、医療目的でカンナビスを推奨した医師や、医師による推奨または承認の下で医療用マリファナを栽培または所持した患者やその世話人に対して州法上の刑事訴追からの免除を規定する住民提案二一五号を作成した。ジョージ・ソロスやプログレッシブ保険のピーター・ルイス元会長、メンズウェアハウスの創立者であるジョージ・ジマーといった富豪からの寄付を得て活発な運動が展開された結果、一九九六年一一月の大統領選挙と併せて住民投票が行われることになった。果たしてカリフォルニア州全体では五五・六％、サンフランシスコでは七八％の支持を得て同住民提案は可決された。州レベルでマリファナの医療利用を認める決定は、カリフォルニアに続いて、アラスカ、オレゴン、ワシントン、メイン各州などでも行われた。

とはいえ、連邦政府はニクソン政権の規制薬物法でマリファナを危険度の高いスケジュール1に分類していたこともあり、カリフォルニア州などの決定の違法性を主張し続けた。たとえ州レベルでマリファナが非刑罰化されたとしても、連邦法に違反している以上は、連邦の法執行機関が取り締まりを行うことができるし、州法の規制を順守していることは連邦法違反の抗弁にならない。そして、ビル・クリントン政権やジョージ・W・ブッシュ政権期には、実際に強制捜査や訴追も行われていた。

状況が変わったのは、バラク・オバマ政権期である。オバマは、かつてマリファナを吸引していたことを二〇〇六年に告白していたが、二〇〇八年の大統領選挙でマリファナの取り締まり緩和を示唆していた。その状況下で、二〇一二年にコロラド州とワシントン州がマリファナを嗜好目的として利用することを認める法案を通過させた(7)。その背景には、リーマンショック後の財政難があった。マリファナに課税することで得られた税収を、コロラド州は公立学校の予算に、ワシントン州は医療、薬物中毒者の治療と教育、ワシントン大学とワシントン州立大学で行われるマリファナ関連の研究に充てることを定めていた。マリファナを禁止するのではなく、アルコールのように規制することで、未成年者などを守りつつ、税収を得ることにしたのである。

これをうけて、二〇一三年に司法省のジェイムズ・コール副長官は、薬物規制に関して重視すべき事項を明示した上で、住民投票の結果として少量のマリファナの所持や栽培を許可する法律を施行した州がそれらの事項を遵守するための実効的な制度を導入した場合には、連邦政府は取り締まりを行わない方針を示したのだった。

今日では、例えばニューヨーク市などのように、公共の場で吸わない限り取り締まりをしないという非刑罰化の方針を示しているところが増えている。ただし、これらの地域は民主党が優位する州や地域であるのが一般的で、マリファナの非刑罰化の是非は党派対立の要因となっている。このような状況から、今日でも、アメリカ全体でマリファナ合法化についてのコンセンサスがあるということはできず、連邦法上は依然として違法な状態が続いている。ドナルド・トランプ政権も、マリファナについて連邦法を執行しなかったものの、連邦法が廃止されていない以上、以後の政権が再び取り締まりを強化する可能性は存在するのである。

四　オピオイド危機

ただし、共和党が優位に立つ地域も薬物問題を免れているわけではない。トランプを支持している白人層の間で今日、オピオイドが問題となっている。(8) なお、ケシから採取された麻薬をアヘン（オピウム）と呼び、それを科学的に合成したもののことをオピオイドと呼ぶのがかつては一般的だったが、今日では両方の形態の鎮痛剤をともにオピオイドと呼ぶようになっている。

（7）コロラド州は二〇〇六年の段階でマリファナ全面解禁を住民投票にかけていたが、五九％が反対して否決された。だが、二〇一二年の住民投票の前に、マリファナ解禁により州の刑事司法コストが一二〇〇万ドル削減され、二四〇〇万ドルの消費税や八七〇万ドルの売上税が見込めるなどの試算が、無党派で非営利の調査機関によって発表されていた。

（8）オピオイド危機についてはメイシー（2020）が有益である。

通例、新種の麻薬は大都市から内陸部へと広がるのに対し、オピオイドの場合はアパラチアの離村から中西部のラストベルトへ、そしてメイン州などの寒村、さらには都市部へと広がっていった（メイシー 2020, 20-21）。この流行は、まずはオキシコンチンからパイコディン、パーコセットなどの処方薬からヘロインなどに変化していった。

もともとは、食品衣料品局（ＦＤＡ）も承認したオキシコンチンの鎮痛効果を持続させるための徐放剤として使われていたコーティングを取り除いて、錠剤中の薬効成分を鼻から吸引したり、水に溶かして注射したりしたという。ジャーナリストのベス・メイシーの著作は、サクラー家が所有するパデュー・ファーマがこのオキシコンチンの販売をいかにして拡大し、乱用者を増やしていったのかを明らかにしている。今日では、多くの州や地方政府がパデュー・ファーマをはじめとするオピオイドを製造する製薬会社や薬局チェーンを相手に訴訟を提起しているが、それはオピオイドに起因した問題が顕在化したからである。

この問題が世界的な注目を集めたのは、この薬物乱用者の中に、二〇一六年大統領選挙でトランプを支持した白人が多く含まれていたからだった。今日のアメリカでは中南米系やアジア系などの人口が増大し、中南米系を除く白人の人口比率は二〇四〇年代には半数を下回ると予想されている。アメリカ社会で圧倒的存在感を示してきた白人も、人口比率を減少させていく運命にある。

これらの白人は、長らく「ヒルビリー（山に住む白人、田舎者）」であるとか「ホワイト・トラッシュ（白い屑）」という蔑称で呼ばれてきた。アパラチア山脈に住み着いていた人々は、かつて日雇い労働者、小作人、炭鉱労働者として働き、長らくアメリカ社会の発展から取り残されてきた。ラストベルトに居住する白人労働者層は、第二次世界大戦後は長らくアメリカ社会の中核として経済発展を支えてきたが、グローバル化の進展と産業構造の変化、オートメーション化の進展によって製造業が衰退するようになると、その社会経済的地位を低下させるようになった。そして、刻苦勉励すれば豊かになることができるというアメリカン・ドリームを信じることができなくなり、アメリカ社会に絶望するようになっていった。その結果、彼らは当初は鎮痛剤として用いられていたオピオイドを、薬物として乱用するようになったのだった（ヴァンス 2017; アイゼンバーグ 2018; ゲスト 2019; ホックシールド 2018）。

オピオイド問題は、それら白人労働者層を取り巻く状況を象徴するものととらえられた。二〇一五年に発表されたアン・ケースとアンガス・ディートンの研究によれば、一九九九年から二〇一三年の間、他の先進国では成人の死亡率が軒並み下がっているのに対し、アメリカの白人の死亡率だけは上昇している。その原因は、自殺とアルコールに起因する肝臓病、並びに、オピオイドによる薬物依存にある。彼らはそれらを「絶望病」と名付けている（Case & Deaton 2015; Case & Deaton 2020）。また、カイザー家族財団の世論調査では、アメリカ国民の五六％が、オピオイドを乱用中か、すでに依存症になっているか、それで死亡した人を知っていると回答している。

このように、アメリカ社会に絶望した白人労働者層が、オピオイドを利用する一方で、「アメリカを再び偉大にする」という懐古的なメッセージを出して移民や貿易問題に厳格な立場をとることを表明するトランプに対する支持を表明していた（西山 2020b）。そして、二〇二〇年の大統領選挙にいたるまで、その多くはトランプの岩盤支持層となっているのである。

五　むすびにかえて

今日のアメリカでは、民主党、共和党の支持者がそれぞれ異なる薬物問題に直面しており、早急な対応が求められている。だが、本章の冒頭で記したように、薬物に伴う害を減少させる方法については明確な解答が存在しない。伝統的には、保守的な地域を中心として取り締まり厳格化が求められてきたが、今日ではその限界が明らかになっている。

一九八九年にフロリダ州マイアミで薬物専門裁判所（ドラッグ・コート）が設けられた。ドラッグ・コートは、審理の中心に薬物依存回復治療プログラムを置いて、ソーシャル・ワーカーや地域社会の支援を得ながら、薬物を使用せずに生活できるよう支援することを目指すものである。もともとは裁判官などの実務家が運用を始めたが、一九九五年には連邦司法省でも予算がつけられるようになり、今日では全米のみならず、世界的にも広がりを見せている（丸山2015; 丸山2020; Nolan 2006）。

これとは別に、刑事司法の分野ではなく、公衆衛生や社会保障の問題として問題解決を目指す手法も存在する。例えば、ハーム・リダクションという手法は、現実に社会に薬物が存在することを前提として、それらによる害悪を可能な限り減少させようとするものである。薬物依存は取り締まりの対象としてしまうと医療機関などによる支援をうけられなくなる。そこで、アルコールと同様に適切に管理することにより、治療や生活再建を目指そうというのが、この手法である（松本ほか2017）。

オピオイド危機が世界的な注目を集めているように、今日のアメリカでは薬物問題への対応が喫緊の課題となっている。とはいえ、これらの手法の是非をめぐっては対立が存在する。今後、アメリカで薬物問題にどのような対応がなされていくのか、注目する必要があるだろう。

第五章

不法移民

アメリカ国旗が描かれたアメリカ＝メキシコ国境の壁
AP/ アフロ

一　安全保障と不法移民対策の融合

安全保障と移民政策

移民問題と安全保障を結びつける考え方は、アメリカでも古くから存在してきた。二〇世紀に入って以降も、例えば一九〇一年にウィリアム・マッキンリー大統領が第二世代のポーランド系移民で無政府主義者のレオン・チョルゴッシュにより暗殺されたことは、移民が国家の秩序に対してもたらす不安を増大させた。その後も、とりわけ戦争の時期には移民と安全保障の関係が議論され、第一次世界大戦に際してはイタリア系やドイツ系の移民がアメリカに忠誠を尽くさないのではないかと論じられた。第二次世界大戦に際して、日系移民が忠誠を疑われて強制収容されたことは広く知られているだろう。

比較的近いところでも、イスラム原理主義テロ組織のアルカイダとオマル・アブドッラフマーンが指導者を務めるイスラム集団のアル・ガマーア・アル・イスラーミーヤが関与したとされる一九九三年の世界貿易センターの爆発事件と、パキスタンからの不法移民がヴァージニアでＣＩＡの職員二名を殺害した事件は、反移民感情を引き起こした（Rosenblum 2009）。

中南米からの移民が安全保障に及ぼす影響についても、頻繁に指摘されてきた。リチャード・ニクソン政権が対麻薬戦争を始めて以降、中南米、とりわけメキシコ製の大麻やヘロインがアメリカで流通しているという認識が強くなった。また、コカインは当初はカリブ海を経由してコロンビアから流入していたが、八〇年代初頭にカリブ海での取り締まりが強化されて以降、メキシコ経由で流入するようになった（Payan 2006, chap. 2; Andreas 2009, chap. 4）。

反移民活動で中心的な役割を果たしてきたアメリカ移民改革連盟（ＦＡＩＲ）も、中南米出身の不法移民が安全保障にもたらす危険性を強調している。ＦＡＩＲはそのホームページの最下部に「移民への恩赦に反対しよう。国境警備からの撤退を拒否しよう。屈服してはならない。国境を閉ざそう」というメッセージを掲げていた。ＦＡＩＲは、一九九九年に、「なぜアメリカの上院議員が、オサマ・ビン・ラディンが容易にテロリズムをアメリカに輸出できるようにしているのか？」と題する広告をグランド・ラピッド・プレス紙に出して、移民推進の立場をとるミシガン州選出のエドワード・スペンサー・エイブラハム連邦上院議員を批判するなどしていた（Doty 2009, 53）。

このように、中南米からの不法移民が安全保障に悪影響をもたらすという懸念は幾度となく示されていたが、多くの場合は一部の人や集団によって表明され、その影響は国境周辺地域など一部の地域に限定されていた。近年、不法移民と安全保障を結びつける見方がアメリカ全土に広がり、一般の人々によっても言及されるに至ったのは、二〇〇一年の九・一一テロ事件の影響だといえるだろう。

このような認識の変化は、連邦議会議員の活動も変化させている。一九九九年にコロラド州選出の連邦下院議員であるトム・タンクレドが連邦議会で移民改革コーカス（議員連盟）を創設した。メンバーは創設時は一六名に過ぎなかったが、二〇〇六年九月には八九名に増大している。同コーカスはウェブサイトに「テロリスト通り」と「隣のテロリスト」と題するドキュメンタリーを掲載していたが、その中でタンクレドは、アメリカ＝メキシコ国境はイスラム教徒のテロリストに門戸を開いていると発言している（Doty 2009, 54）。

不法移民と安全保障を関連付けようとする研究も行われている。例えばマーク・クリコリアンは二〇〇四年にナショナル・インタレスト誌に「テロを追い出す――移民と非対称戦争」と題する論文を発表し、注目を集めた（Krikorian 2004）。また、反移民活動を支えたシンクタンクである移民研究センターの研究員や、安全保障と移民の関係について調査している家族安全問題ネットワークのアドバイザーも務めたマイク・カトラーは、「イラク戦争で殺されたアメリカ人よりも、違法外国人（illegal aliens）によって殺されたアメリカ人の方が多い」と記している（Brown 2007; Doty 2009, 55）。

以下では、二〇〇一年の九・一一テロ事件以降、国土安全保障と移民政策が密接に関連する形で論じられるようになっていったメカニズムを解明することにしたい。

九・一一テロ事件と移民問題

九・一一テロ事件発生以前のアメリカには、政府が情報を持たない外国人が数百万人居住していたとされている。アメリカの国境管理体制は十分でなかった。例えば、アメリカに合法に入国したものの違法にオーバーステイしていた者は多く、その中には九・一一テロ事件の実行犯も含まれていた。ほかにも、メキシコやカナダの国境から違法に入国した人々も多く居住していた。

このような不法移民の存在と、それがもたらす問題点は、かねてより指摘されていた。九・一一テロ事件は、その問題点をさらに明確に政権担当者や国民に示したのだった。

他方、驚くべきことに、九・一一テロ事件発生から二時間以内に、関税局は一九人のテロリストを特定していた。関税局は対麻薬戦争遂行のため、国際線で入国する旅客に関するデータに関税局と移民帰化局が完全かつ即座にアクセスできるようアメリカの航空会社に協力を要請しており、二〇〇〇年までに六七社の協力を得て、入国者の三分の二の情報をカバーしていた。なお、航空会社のデータベースの構造上、国内線の旅客者のデータにもアクセスすることが可能だった。そこでは、旅客者の名前、生年月日や出生地、国籍、パスポート番号などに加えて、いつ、どこで、どのような方法で、誰が航空券を購入したのかなどの情報を入手することができた。その結果、利用・登録されたクレジットカード番号、電話番号、住所等の情報を既知の犯罪者情報と突合したり、航空券を現金で購入した人の情報、片道の航空券のみを購入した人の情報などを精査したりすることが可能だった（Alden 2008, 25-31）。

なお、九・一一テロ事件の実行犯のうちハーリド・アル＝ミザールとナワーフ・アル＝ハーズミーがアルカイダのメンバーであることは、二〇〇〇年一月の時点でＣＩＡが認識していた。もしＣＩＡがその情報を他機関と共有していれば、九・一一テロ事件の発生を抑止できたのではないかとの疑念がテロ後に提起された。他方、関税局がＣＩＡと情報を共有していなかったにもかかわらず、情報を精査することで犯人を特定することができた事実は、移民や外国人の情報を収集し分析することが安全保障上重要であるとの認識を、政権担当者や国民に強く抱かせた（Alden 2008, 31-33）。

情報を精査することの重要性は、もちろん、それ以前にも提起されていた。例えば、民主党のギャリー・ハートと共和党のウォーレン・ラドマンが中心となり、ニュート・ギングリッジやリー・ハミルトン、ジェイムズ・シュレジンガーなども委員を務めていた、いわゆるハート＝ラドマン委員会は、情報収集と分析の重要性を一九九八年に提起していた。具体的には、（一）情報分析に基づいて複層化した防衛システムを作り上げ、実際の国境線は最後の防衛線と見なすこと、(二) 物や人を運ぶ民間機関と協力体制を強化することで、安全保障と通商活動の両立を図ること、(三) インテリジェンスを強化するとともに、各種機関で情報を共有することなどの革新的な方策が提唱されていた。この報告書は提出された当時は注目を集めなかったものの、九・一一テロ事件以後、脚光を浴びることとなった (Alden 2008, 33-35, 39-41)。

移民法の活用と国境管理厳格化

九・一一テロ事件発生後、もう一つ注目を集める事実が発覚した。テロ犯の一人であるジアド・ジャラヒが、テロの二日前に自動車の運転速度違反を犯して警察と接触していたのである。ジャラヒのビザは既に切れていたため、もしジャラヒをその時点で移民法違反の廉で拘束していれば九・一一テロ事件は起こらなかった、あるいは、その被害は小さなものになったはずだとの声も上がるようになった (Alden 2008, 35-37)。

その件との関連で想起されたのが、いわゆるミレニアム・ボマーの事件である。一九九九年一二月に、後にミレニアム・ボマーと呼ばれるようになるアルジェリア人のアームド・レッサムは、アメリカ＝カナダ国境で麻薬法違反の疑いで停車を命じられた際、一〇〇ポンドの爆弾製造を可能にする原材料を積んでいた。その後の取り調べでレッサムは、二〇〇〇年の元旦にロサンゼルス国際空港でスーツケース爆弾を爆発させる計画を立てていたことを認めた。彼はアルジェリア内戦時の一九九四年にフランスの偽造パスポートを持参してカナダで難民申請をしたものの、面接に現れないままにカナダに違法に残留していた。彼はアフガニスタン内のアルカイダのキャンプでテロリストとしての訓練をうけた後、不正取得したカナダのパスポートでアメリカに入国しようとしたのだった（Alden 2008, 35-37）。

このように、外国籍の者が移民法や難民法の規定を悪用してテロを実施する可能性が、九・一一テロ事件以後、繰り返し指摘されるようになった。政権担当者も不法移民の取り締まりと国境管理厳格化の重要性を強く認識し、具体的な施策をとるようになった。

その方針を最も積極的に推進したのが、ジョン・アシュクロフト司法長官である。アシュクロフトは、テロを起こす可能性のある人物を拘束する手段として、移民法を積極的に活用した。司法省の下にある移民帰化局を使い、些細な違反であっても移民法の規定に違反した人物を拘束する方法を採用したのである。

移民法違反で拘束する方法は、一般的な刑事法違反で被疑者を拘束するのと比べて、政権にとって便利な点があった。合衆国憲法の修正第四条に規定されているように、刑事法違反の場合は法執行機関は相当な理由がなければ被疑者を逮捕する権限が認められていない。また、逮捕時にミランダ警告(1)を発すること（修正第五条）や、刑事法違反の疑いのある人物に対しては弁護士を付けること（修正第六条）も必要である。だが、移民法違反の場合は、ミランダ警告を発する必要も、政府の費用で弁護士を付ける必要もない。

もちろん、移民帰化局も、移民法違反の疑いのある者を拘束してから二四時間以内に告訴すること、また、九〇日を超えることなく違反者を強制帰国させることを原則としていた。だが、それは行政上の規制に過ぎなかったため、アシュクロフトはテロ発生後一週間以内に、移民法違反が疑われる人を告訴せずに四八時間を超えて拘束できるよう、移民帰化局に授権した。移民については、司法省が国外追放や難民申請などを扱う非合衆国市民のための特別裁判所を有しているため、一般的な司法過程を経る必要もなかった（Alden 2008, 81-83）。

アシュクロフトは、ＦＢＩと移民帰化局の職員をアラブ・コミュニティに派遣して人々を拘束する方針を立てた。だが、移民帰化局のジム・ジグラー局長がその方針を正面から批判し、アシュクロフトとジグラーの対立が先鋭化した。両者の間には、政治信条の点で根本的な対立があった。アシュクロフトは、強いキリスト教的信念から、テロリストと戦う使命を神によって与えられたと信じていた。他方、ジグラーはリバタリアン的発想が強く、政府の権力を抑制することの重要性を信じていた。アシュクロフトが神に命じられたと信じて採用した手法を、ジグラーはアメリカ政治の原則に反する権力の乱用とみなしたのだった（Alden 2008, 85-87）。

アシュクロフトはプライドが高く、人々の前で正面から反論されることを嫌う傾向のある人物である。一方のジグラーは、ビジネスで成功して十分な経済的基盤を持っており、解任も辞さずにアシュクロフトに異議を唱え続けた。だが、ブッシュ政権は一体となってテロ対策に取り組む姿勢を示すことを最優先し、政権の内部対立を表面化させないよう努めた。その結果、ジグラーも異論を公にすることは控えるようになり、九・一一テロ事件以後は移民取り締まりを、移民帰化局ではなくＦＢＩが主導することとなった（Alden 2008, 96-98）。

アシュクロフトの方針については、実は政権内部でも賛否が分かれていた。強硬な取り締まりを支持する人は、それによって不利益を被る人がいたとしても、その人物が法律に違反している場合は不利益をうけて当然であるし、違反がない場合でもやむを得ない付随的被害だと主張した。他方、反対派は、（一）あまり効果が見られない手法に多大な資源を投入するのは無駄であること、（二）テロ調査のために協力を得る必要のある集団と関係を悪化させるのは得策でないこと、（三）取り締まり対象者の出身国との関係を悪化させるのは避けるべきこと、とりわけ対テロ戦争で最も重要な同盟国となるべき穏健なイスラム諸国と良好な関係を保つべきことを指摘していた。だが、ブッシュ政権はアシュクロフトの方針を採用したのだった（Alden 2008, 87-88）。

（1）刑事事件において、自分が自己に不利な証人となることを強制されない、すなわち自己負罪を拒否する権利が定められている。これは、一九六六年のミランダ対アリゾナ判決で明確化されており、今日では、黙秘権があること、供述が法廷で不利な証拠として用いられることがあること、弁護士の立会いを求める権利があること、自分で弁護士を依頼する経済力がない場合は公選弁護人を付けてもらう権利があることを通告しなければならないことになっている。

二つのアプローチ

九・一一テロ事件後の政府内には、警察屋（cops）と技術屋（technocrats）とでも呼ぶべき、二つの路線が存在していたとされている。前者の警察屋は、カナダ、メキシコとの国境管理を厳格にするなど、移民法を厳格に執行することでテロを抑止しようとする立場である。移民や一時滞在者をテロと関連のある可能性のある存在と見なし、移民法の規定に違反する者を投獄するか強制帰国させることで、テロを未然に防止しようとした。かつてロバート・ケネディが司法長官時代に、組織犯罪の取り締まりのために税法を徹底的に活用したことが、モデルとされていた（Alden 2008, 88-90）。

他方、技術屋は、関税局がテロリストを特定したように、科学技術、特に情報システムを活用することで問題解決を図ろうとする立場である。十分な情報システムを構築して、それを活用することができれば、悪しき人物を国外に追い出し、善人のみを国内に留め置くことが可能になると主張したのである。もっとも、テロ当時はＦＢＩ、ＣＩＡ、移民帰化局等、いずれも十分な情報データベースを構築することができておらず、情報共有体制も整っていなかったため、テロ直後は警察屋の立場が優先された。だが、時の経過につれて、データ整備と体系化のための予算が計上されて情報システム網が構築されていくなど、技術屋の手法を可能にするための基盤が整備されていく（Alden 2008, 90-91）。
警察屋と技術屋の手法はテロ対策の両輪となったが、通商政策などでは対立した。クリントン政権期に北米自由貿易協定（ＮＡＦＴＡ）が締結されて以降、カナダやメキシコとの通商が活発化したが、国境を越えて移動する車両、人物、物品をどの程度検査すべきかが主要な対立点となった。安全対策の観点に立てば、あらゆる移動について厳格な検査を実施するべきだが、そのような措置は経済活動を阻害するのである。

そこで技術屋は、主に関税局を拠点としつつ、安全と経済活動を両立させるべく、情報、インテリジェンス、科学技術を効果的に用いるよう提唱した。これは、ハート＝ラドマン委員会の報告書でも提唱されていたことだった。航空機を利用した人の移動については、二〇〇一年一一月に、アメリカの空港を利用する航空会社は国内線、国際線を問わず、旅客の氏名、パスポート番号、航空券の予約方法の情報を関税局と移民帰化局に提供するよう義務付けられた。法律上は二〇〇二年一月一日までにデータを提供すればよいことになっていたが、関税局は一一月の時点で情報提供に応じていなかった約六〇の外国の航空会社に対して、直ちに情報共有に応じないとその航空会社を利用してアメリカに到着した旅行者に対する検査を徹底して行うと宣言し、早期にその協力を得ることに成功した（Alden 2008, 121-128）。

これに対し、陸路を通しての移動や物品の検査には困難が伴った。アメリカ＝メキシコ間貿易は一九九三年から二〇〇一年の間に八〇〇億ドルから二五〇〇億ドルに増大し、その大半が陸上輸送で行われている。従来は車両を無作為抽出して検査していたが、その方針が不法移民やテロリスト、違法薬物、大量破壊兵器の流入を可能にしていると批判された。だが、車両を用いて移動する物品に危険物が混入されていないかを逐一検査すれば、経済活動を大幅に阻害するのは明らかだった。

そこで関税局は二〇〇二年四月までに、テロ防止のための税関産業界提携プログラム（C-TPAT）と名付けられた枠組みを構築して、フォードやジェネラル・モーターズ、ターゲット、モトローラなど、事前審査をうけた六〇の会社と試験的に運用を開始した[2]。これは、関税局に登録された運転手や輸送会社がメキシコ国内で責任を持って梱包し、輸送した荷物について税関検査を優先的に行い、検査回数も低減するという、相互信頼に基づく方式だった。これは、経済活動と安全の両立を図ろうとトム・リッジが主導した方式だったが、この決定は警察屋とアシュクロフトから強く批判されたのみならず、関税局や移民帰化局内部にも反対が存在したのだった[3]（Alden 2008, 134-137）。

テロ取り締まりと移民取り締まりの収斂

九・一一テロ事件後のテロ対策としては、警察屋と技術屋の両方の手法を追求するべきと認識されていたものの、同事件直後は移民や一時的滞在者に関する情報システムが未構築であったため、警察屋の手法が積極的に活用された。その過程で、テロリストの取り締まりと移民取り締まりが徐々に収斂していった。九・一一テロ事件は、アルカイダに属するイスラム教徒によって起こされたにもかかわらず、FBIなどによる取り締まりは徐々にその中心を中南米系、そして、アメリカ＝メキシコ国境管理に移行していったのである。

九・一一テロ事件はアメリカ＝メキシコ国境管理の問題とは無関係に発生したことを考えれば、FBIの取り締まりがアメリカ＝メキシコ国境地域と中南米系移民の取り締まりに移行したのは奇妙だといわざるを得ない。だがこの移行は、官僚組織の特性と、対テロ政策（広くは犯罪抑止政策）の評価の困難さに起因するものだったと考えられる。

（2）C-TPATについては、アメリカ大使館のウェブサイトでも詳しく紹介されている。〈http://japan2.usembassy.gov/j/info/tinfoj-cbp-ctpat.html〉, last accessed on August 12, 2013.

（3）トム・リッジは、鉄鋼業や製造業などでカナダやメキシコと頻繁に取引を行っていたペンシルヴェニア州の知事を務めた経験もあり、通商の重要性を強く認識していた。安全と経済活動の両立を図ることの重要性について、リッジはブッシュと見解を共有していたため、テロ後にリッジは国土安全保障局長として政権入りを求められたのだった。

国土安全保障局は技術屋の拠点の一つとなっていたものの、他省庁からの出向も多く、ホワイトハウス内で交渉・調整を行う経験に乏しい人も多かったため、その発言力は弱かった。リッジは、国境付近の安全と経済活動の両立を図る観点から、国境管理に関する諸組織の再編を熱心に追求した。だが、運輸省、移民帰化局、司法省、国務省、国防省等の反対にあった。そこで、ブッシュはリッジによる各省庁の説得を断念し、アンドリュー・カードに命じて、リッジが構想した国境関連問題に加えて、災害対策の計画と対応、大統領警護も任務とする国土安全保障省を創設させたのだった（Alden 2008, chap. 4）。

テロ取り締まりをその重大任務として位置付けた以上、ＦＢＩや後の国土安全保障省は、何らかの成果を上げる必要がある。これは、行政機構に定められた使命である。だが、テロの防止は、そもそもテロ計画やテロリストが少ないこともあり、目に見える成果を上げるのが困難である。テロや犯罪は事件が発生してから対応するのは任務の失敗と評価することも可能であり、事件を未然に防止することこそが真に期待された仕事だといえる。

だが、事件を防止したという成果は目に見えないため、具体的で目に見える成果を求めるメディアや一般国民のみならず、政治家や他の政府部門にとっては、本当に成果を上げたのか、何もしなかったのか、区別がつかない。場合によっては、事件を発生させないという任務を果たしたことによって得られた社会的平穏が、社会にそもそも危険が存在しないことの表れだと主張されて、その部門の必要性についての疑念を抱かせることすらある。統制機関は、このようなジレンマを抱えているのである。

他方、不法移民の取り締まりは、逮捕件数、収監者数、国外追放者数などの目に見える成果を上げやすい。そして、反移民の機運が高まり、移民と安全保障が関連付けて議論されるときには、厳密な意味でのテロ対策とは関係性がない場合でも、不法移民の取り締まりが強化されれば法執行機関に対して一定の評価がなされる。これは、自らの存在意義を示し、予算を獲得せねばならない行政部門にとっては都合のよい現象だといえる。

その結果として、不法移民の取り締まりが徐々に強化されるようになっていったと推測することができる。その過程で、取り締まりの対象が、アラブ系やムスリムから中南米系に移行していった。不法移民問題が顕著に現れる国境地帯（とりわけアメリカ＝メキシコ国境地帯）では、その傾向が顕著になった。テロ対策が徐々に不法移民対策へと移行していった背景には、このようなメカニズムが存在したと推測できるのである。

二　不法移民対策とアメリカ＝メキシコ国境管理強化

国土安全保障と不法移民問題を関連させる必要性は、国境周辺州から強く提起された。また、自分たちでアメリカ＝メキシコ国境管理を実施しようとする自発的結社も登場するに至った。本節では、国境周辺州で不法移民対策が求められていった過程と、それに対応する連邦政府の取り組みについて説明した上で、国境周辺地域以外で不法移民対策が試みられた事例を紹介する。その上で、国境管理を自ら実施しようとする活動家たちについて、説明を加えることにしたい。

移民政策と連邦制

移民に対する国境周辺地域の態度は時期によって大きく異なっている。経済が成長を続けて労働力が不足する時代には、国境周辺地域は不法移民を安価な労働力として積極的に受け入れていた。だが、失業率が増大するようになった一九七〇年代と八〇年代には、アメリカ人の雇用を奪っているとして不法移民への反発が表明されるようになった。それに加えて、一九九〇年代以降は、不法移民が州政府や地方政府に財政負担を強いているとも主張されるようになった。

アメリカでは、移民対策をめぐって連邦政府と州以下の政府が対立することが多い（西山 2010; 西山 2012b）。連邦政府が示す強硬姿勢に反発する「聖域都市」については第六章で扱うこととし、本章では連邦政府よりも強硬な姿勢を示す州以下の政府について検討する。

移民問題に直接対峙せねばならない州以下の政府の方がより強硬な姿勢を示す場合がある背景には、連邦制に起因する問題がある。

合衆国憲法の規定上、移民の出入国を規制する権限は連邦政府にあり、州以下の政府はアメリカ国内に流入する移民の資格や数を決定する権限を持たない。そして、連邦政府の定めた方針に従って、あるいはそれを破って入国した移民が国内で行う移動に関しても、州以下の政府は規制する権限を持たない。さらに、連邦最高裁判所は判例で、州以下の政府は政治的権利（例えば選挙に立候補する権利を有するか）については外国人の権利を制限することができるとしているものの、経済的権利に関しては国民と外国人を区別して定める権限は連邦政府にしか認められないとの判断を示している。従って、合法であれ違法であれ、移民が流入してきた場合、州や地方政府は彼らに対応するための負担をせざるを得ない（西山 2012b）。

例えば、アメリカでは判例上、児童に関してはその法的地位にかかわらず、例えば不法移民であっても、公立学校で初等・中等教育をうける権利を持つ。それ故に、州や地方政府はそれに伴う費用を負担する必要がある。また、一九九六年に個人責任就労機会調停法が制定されるまでは、州以下の政府は要扶養児童家庭扶助などの福祉サービスを非合衆国市民に対しても提供する必要があった。一九九六年に個人責任就労機会調停法と不法移民改革移民責任法が制定されて以降は非合衆国市民に対する福祉給付に制限が課されるようになったものの、緊急給付、とりわけ、緊急医療や伝染病の予防接種は、国籍を持たない者にも提供する必要がある。さらに、個人責任就労機会調停法には高齢者や障がい者が活用してきた補足的所得補償の給付を打ち切る規定が含まれていたが、一九九七年の均衡予算法で修正が施された。一九九八年には、一九九六年以前にアメリカに居住していた子どもや高齢者、障がい者に対するフードスタンプの給付が認められ、二〇〇二年には子どもや障がい者に対して入国後ただちに、また、その他の移民の場合でも入国して五年が経過した後には、フードスタンプの給付が認められることとなった。貧困な外国人や移民は特別な技術を要しない仕事が多く存在する都市部に居住する傾向があるため、都市政府は非合衆国市民に対して様々な給付を行う義務を負うのである（西山2012b）。

また、メキシコと国境を接していて、陸路を使って違法に越境を試みる人々のルートとなっている州や地方政府には、さらなる追加的負担がかかる。砂漠や運河などを経由して入国を目指す人々が、途中で力尽きて倒れたり死亡したりする場合がある。それが国内で発見された場合には、州や地方政府は緊急医療や検死にかかる費用を負担する必要がある。その人物が死亡して身元不明とされた場合は、遺体安置、埋葬にかかる費用も負担せねばならない。健康な状態で入国に成功した人々が国境沿いの地域で食料や金品を調達するために罪を犯した場合、その捜査、逮捕、拘留、裁判等に要する費用は州や地方政府の負担となる（エリングウッド2006）。

州以下の政府は、財政面で連邦政府に不満を示すこともある。合法移民、不法移民ともに、給与から天引きされる社会保障税などの納入を通して連邦政府の財源には一定の貢献をしているものの、州や地方政府の財政に対しては貢献をしていないというのである。実際には国境周辺の州や地方政府の歳入の中で連邦政府からの移転支出が大きな割合を占めているものの、その移転支出が不十分だとの認識も強い。このような不満は州や地方レベルの有権者に共有されており、国境管理強化を求める声が州や地方政府の政治家から上がるようになったのである。[4]

カリフォルニア州とゲートキーパー作戦

その中で、最も象徴的だったのが、カリフォルニア州サンディエゴである。[5] サンディエゴは

(4) アメリカには不法移民を主な対象とする刑務所が存在するが、地方政府の中には刑務所を誘致することで利益を得ようとするところもある。アメリカでは地方政府が刑務所を所有し、その運営を民間企業に委託する事例が多い。そのような民間企業と地方政府をつなぐビジネスも発達しており、刑務所コンサルタントは、経済的に疲弊した地方政府に刑務所を受け入れるよう提案することが多い。例えば、「刑務所は免税債で運営できることもあって、税金を投入することなく、地域に雇用を創出して税収をもたらす。刑務所産業は農業と違って天候に左右されることもない。一般的な産業は景気が悪化すれば収益が低下するが、景気が悪化すれば犯罪は増大するので、刑務所は儲かる」というようなコンサルタントの主張が、財政的に逼迫した地方政府には魅力に映る。

だが、刑務所運営契約は通例、民間企業にはリスクが小さく、地方政府にとってのリスクが大きい形で結ばれる。刑務所の事業収入は刑務所関係の債権所有者に支払われるが、多くの場合、その収益はコンサルタント、建築業者、刑務所を運営する企業などに優先的に分配される契約が交わされている。また、刑務所は公共施設なので、地方政府は刑務所に関連する財産税も売上税も受け取ることができないし、上下水道のサービスも無料で提供する必要がある。そして、債権が満期になると、犯罪者が来なくなってからも地方政府が刑務所の管理責任を負わなければならない。刑務所関連の債権価値が値下がりすると、地方政府の他の債権も連動して値下がりする現象もしばしばみられる。

さらにいえば、移民犯罪は連邦政府が管轄しているので、収監者は連邦政府の管理下にあり、刑務所を地方政府が所有している場合であっても地方政府の監督はほとんど及ばない（財政面で監督することは可能だが、現実的な効果は期待できない）。収監者が体調を崩した場合でも、医療サービスはそれを専門とする民間企業に委託されているため、地方政府の監督は及ばない。にもかかわらず、刑務所の運営に不満を持つ人々は地方政府に訴訟を提起するため、地方政府は訴訟費用を負担する必要がある。実際には、刑務所運営によって財政的な問題を抱える地方政府も多い（Barry 2011, chap. 1）。

(5) サンディエゴで実施されたゲートキーパー作戦については、Nevins（2010）が最も詳細に紹介している。

メキシコからの不法移民の最大の経由地であり、全米の国境地帯での逮捕者の半数に当たる四五万人が一年間に逮捕されていた。サンディエゴの中心部は国境から北に二四キロ離れており、サンイシドロという地域がメキシコのティファナに接しているに過ぎない。ただし、アメリカ＝メキシコ国境は砂漠地帯も多いため、サンディエゴはテキサス州のエル・パソなどと同様に、不法移民が徒歩で比較的容易に越境できる地帯であった。

カリフォルニア州では不法移民に対する不満が高まりつつあり、不法移民への公共サービスの提供の一部中止を求める提案一八七号の是非を問う住民投票が行われて、白人有権者の三分の二、黒人とアジア系の半分、中南米系の二三％の支持を得て一九九四年に可決された。カリフォルニア州は多くの大統領選挙人を擁することもあり、全米的にメディアの注目を集めやすい。それ故、一九九二年に現職のジョージ・H・W・ブッシュに対抗して共和党の大統領候補となることを目指したパット・ブキャナンは、カリフォルニア州のインペリアル・ビーチで、年間一〇〇万人以上に及ぶ違法な〝侵略〟から国境を守る必要があると演説したのだった（Cf. Buchanan 2006）。

当時のカリフォルニア州知事は、共和党のピート・ウィルソンだった。彼は連邦上院議員を務めていた時代には移民の積極的な受け入れを主張していたが、州知事になると反移民運動に便乗するようになった。とりわけ、再選を目指した一九九四年には、不法移民に対するサービスの提供が州財政を圧迫していると主張し、連邦政府を批判した。ウィルソンは、画面にホワイトハウスの電話番号を表示しつつ、ビル・クリントン大統領に不法移民対策を求めるよう主張するテレビ・コマーシャルを出すなどして注目を集めた。このようなパフォーマンスの結果、ウィルソンの支持率は三〇％から三七％に増大し、不支持率は五九％から四五％に低下した（エリングウッド 2006, 45）。

連邦政界でも、サンディエゴ地区選出の共和党下院議員であるダンカン・ハンターは、国境警備隊員増員を要求した。クリントン政権はその案に飛びつき、一九九三年に六〇〇〇人の新規採用を宣言して、翌九四年に、サンディエゴでゲートキーパー作戦を開始した。この作戦は、もともとはテキサス州エル・パソの国境警備隊長のシルベスタ・レイエスが非公式に実施した「封鎖作戦」（後に「国境守備作戦」と改名）をモデルとしていた。

この作戦の基本方針は、抑止力を強化することで密入国を防止することだった。国境フェンスの厳重化に加えて、特に問題の多い地域では投光ランプや埋め込み型センサーなども設置され、暗視ゴーグルや軍事用赤外線スコープなどの機器を駆使して、取り締まりが行われた。

クリントン政権はＩＤＥＮＴと呼ばれるハイテク指紋照合システムも導入した。不法移民は国境警備隊の支所で名前、出生地、生年月日、両親の氏名などを登録した上でメキシコに送還されることになっていたが、再逮捕時に罪が重くなるのを避けるために偽の情報を登録することが多かった。そこで、移民の指紋と顔写真を移民帰化局のデータベースに保存することで、不法入国の常習犯を識別しようとしたのだった。

テキサス州の対応

ゲートキーパー作戦が展開されて以降、不法移民の越境の中心地はテキサス州やアリゾナ州など、他の国境周辺州に移動した。移民帰化局はアリゾナ州トゥーソンで「セーフガード作戦」、テキサス州南部で「リオグランデ作戦」など類似の作戦を展開したものの、当初は十分な成果を上げることができなかった。その結果、テキサス州やアリゾナ州などの国境周辺州でも不法移民取り締まりと国境管理強化を訴える動きが強まり、九・一一テロ事件以後顕在化していった。

国境管理強化を求める九・一一テロ事件後の状況を最も積極的に活用したのは、W・ブッシュの後を継いでテキサス州知事となったリック・ペリーだった。テロ後に、テキサス州ザパタ郡のシギフレド・ゴンザレス保安官が、アメリカ＝メキシコ国境付近にアルカイダの組織があるとともに、メキシコの麻薬組織が国境を越えてアメリカを脅かしていると、メディアや公聴会で発言した。ゴンザレスは、二〇〇五年に二〇の郡の保安官から構成されるテキサス国境地帯保安官連合を組織し、二年後にそれを南西部国境地帯保安官連合に拡大させた。ゴンザレスらは、テロリストや不法移民、麻薬密売人が国境線を越えたら保安官がタックルをするという、アメリカで高い人気をほこるプロスポーツであるアメリカン・フットボールのイメージに基づいた「ラインバッカー作戦」を導入した。この作戦には連邦の国土安全保障省などから財政的支援も与えられた（Barry 2011, 71-73）。

ペリーは、この作戦に乗りかかる形で大きな予算を割り当て、「ボーダースター作戦」と命名した。また、ペリーは州安全保障局長で元ＦＢＩ職員のスティーヴ・マクロウとともに「安全保障戦略計画二〇一〇―二〇一五」を作成した。その中で、テキサス・データ交換プログラム、犯罪マップ・プロジェクトなどのハイテク情報収集構想を開始し、国境安全作戦センターと六つの情報戦略施設を設置した。また、国土安全保障省のジャネット・ナポリターノ長官に手紙を書き、ボーダースター作戦を国境警備のモデルにするよう提案した。さらには、国境管理を統括する組織として、これまた人気のプロスポーツであるＭＬＢのテキサス・レンジャーズのチーム名の由来にもなったテキサスレンジャー（テキサス州公安局に属する、アメリカ最古の法執行機関）を活用すると宣言するなど、積極的なパフォーマンスを行った（Barry 2011, 71-83; 西山 2013）。

アリゾナ州の対応

アリゾナ州もテロ後に国境警備に関する独自の活動をした。もっとも、一九九七年から二〇〇三年まで州知事を務めたジェーン・D・ハルは、国境周辺住民が州兵を派遣するよう要請しても、国境の軍事化に反対する観点からこれを拒絶していた。それが、国境周辺に有志が集まって自警行為を始めるという動きの契機となった（エリングウッド 2006, 152）。トゥームストーンの「市民自国防衛軍」、州南部の「米国国境パトロール」などの団体が活動するようになったが、二〇〇五年にジム・ギルクリストらの「ミニットマン・プロジェクト」が国境付近を監視して、不法入国者を見つけ次第国境警備隊に連絡するという活動を始めたことは、全米の注目を集め、全米各地からボランティアが押し寄せた。

それ以外にも、アリゾナ州は独自の不法移民対策を展開した。例えば、二〇〇六年には、重罪で訴追された不法移民の保釈を禁止する提案一〇〇号、不法移民が民事訴訟で賠償金をとれないようにする提案一〇二号、英語をアリゾナ州の公用語とする提案一〇三号、州立大学に対して不法移民に州外居住者用の授業料を課すことを義務付け、州の資金を用いた援助も禁じる提案三〇〇号を通過させた。これらの提案が通過したことは全米の注目を集めるとともに、物議を醸した。例えば、提案一〇二号に基づくならば、不法移民は交通事故にあって死亡したり障害を負ったりした場合でも損害賠償を得ることができなくなった（Doty 2009, 86-88; Barry 2011, chap. 3）。

また、ハルの後任となったナポリターノ州知事（後にオバマ政権下で国土安全保障省長官となる）は、二〇〇七年七月、不法移民だと知って労働者を雇用した者を罰する公正合法雇用法に署名し、同法は二〇〇八年一月一日に発効した。さらに、続くジャン・ブリュワー州知事は二〇一〇年、法執行機関支援近隣安全法（ＳＢ一〇七〇）に署名した。これは、アリゾナ州の全政府機関に連邦の移民法の執行に積極的に協力することを義務付けるものだった（Barry 2011, chap. 3）。

ＳＢ一〇七〇には物議を醸す規定が含まれていた。特に、不法移民であるとの合理的疑いのある者に対して身分証明書の提示を要求する権限を法執行機関の職員に与え、不法移民であると信じるに足る相当の理由を抱いた場合には令状なしでも当該人物を逮捕する権限を与えたことが、全米で論争を巻き起こした。一九九六年に連邦で制定された反テロ効果的死刑法によれば、州以下の政府の法執行機関もテロリストの取り締まりを行うことは可能だったが、ＳＢ一〇七〇は、それを連邦の移民法違反一般に拡大しようとしたのだった（Barry 2011, chap. 3）。

なお、連邦司法省は、州以下の政府には移民を取り締まる権限がないこと、明確な根拠がないにもかかわらず行われる一連の措置は違法な人種的プロファイリングに当たることを根拠に、同法に異議を申し立てた。それをうけて州議会は四月に、検察官は人種や肌の色、国籍に基づいて取り調べを行ってはならないという法律を制定した。ＳＢ一〇七〇が発効する前日に連邦地方裁判所は、身分証提示の要求と令状なしの逮捕については仮差し止め命令を出したものの、他の部分については容認している（Barry 2011, chap. 3）。

ＳＢ一〇七〇には、公的な便益の享受に関わる投票に際して市民権保持の証明を要求するアリゾナ納税者・市民保護法（提案二〇〇）や、不法移民を雇用する企業に罰則を与えると定めていたもののほとんど執行されていなかった二〇〇七年の法律を合わせて拡張した面もあった。これは、最も広範かつ厳格に反移民の立場をとるものと評されて全米の注目を集めた。また、二〇一〇年五月に、特定のエスニック集団のために設計された、あるいはエスニック的一体感を重視する可能性のある授業を州内の公立学校やチャーター・スクールで実施してはならないと定めるＨＢ二二八一を制定した。これは、二〇〇〇年に二か国語教育を廃止して英語のみを用いることを提唱した提案二〇三号を発展させたものである。このように、アリゾナ州は全米の中でも、移民問題において最も突出した取り組みを行っていたのである（Barry 2011, chap. 3）。

国境周辺地域以外への広がり

不法移民対策強化の方針は、九・一一テロ事件以後、全米各地に広がりを見せた。

例えば、ペンシルヴェニア州ヘーズルトンが二〇〇六年七月に「不法移民救済法」を制定した。この法案はその名称からうける印象とは異なって、不法移民に対して土地や家屋を貸すことを禁じるとともに、貸した家主に一日当たり一〇〇〇ドルの罰金を科すことを定めていた。

また、どのような手段であれ、またいかに間接的にであれ、不法移民を雇用、援助、幇助した民間企業の営業許可を取り上げ、市との契約を取り消すと定めた。もっとも、有力な人権団体であるアメリカ市民的自由連合（ＡＣＬＵ）などが直ちに訴訟を提起したために、この法律の執行は停止された。だが、同法制定に伴い、およそ五〇〇〇人が市外に逃亡したといわれている（Doty 2009, 88-91）。

移民政策センターによれば、二〇〇七年三月一〇日の段階で二八の州の一〇四以上の地方政府で不法移民を対象とした法案が提唱あるいは議論され、時には採択された。このように、九・一一テロ事件以降、不法移民取り締まりの必要性は全米各地で主張されたのである（Doty 2009, 88-91）。

反移民活動家による自発的結社

近年では国境付近で反移民活動家が自発的結社を結成して活動しているが、その性格は十分に解明されていない。ブッシュ大統領はそれら自発的結社を「自警団」と表現したが、先述したミニットマン・プロジェクトのギルクリストや、彼と関連の深い連邦下院議員のタンクレドは、自分たちの活動を自警団と評されることに不快感を示している（Gilchrist & Corsi 2006）。また、ミニットマン・プロジェクトの活動を参与観察した社会学者のハレル・シャピラは、ミニットマン・プロジェクトの中でも上層のエリートは反不法移民の態度を明確に示しているものの、実際の活動参加者は不法越境者に対して同情的であり、反不法移民感情に突き動かされているとは限らないと指摘している（Shapira 2013）。

このように各団体の活動は多様である。現存する反移民団体の中で最大のものはＦＡＩＲだが、反移民運動に関わる人々が共通して入っている、あるいは、その特徴を最も典型的に示すような全国的団体は存在しない。反移民運動を知的に支えるシンクタンクに移民研究センターがあるが、その提唱する方針に全ての団体が賛同しているわけでもない。

反移民団体について最も広範な調査を行ったロザンヌ・リン・ドーティによれば、様々な反移民団体は互いのウェブページにリンクを張り合っているものの、他の団体の見解を支持しているとは限らない旨が多くの場合記されている。また、複数の団体に所属している人も多いものの、反移民集団が同一のイデオロギーを支持しているわけではないし、移民問題について見解を同じくしているわけでもない。政治的にも、一つのまとまったブロックとして活動しているわけでもない（Doty 2009）。

反移民団体は白人優越主義や人種差別主義的な観点を持つ者が多いと思われがちであり、実際にＫＫＫなどと重複して参加する人も存在する。だが、ミニットマン・プロジェクトや、それと関係の深いミニットマン市民防衛隊、アメリカン・パトロールなどは、人種差別主義者を歓迎せず、そのような人々とは距離を置く旨を強調している。例えばギルクリストは、ある電子メールでミニットマン・プロジェクトを、「法の執行支援と平和の力を通して変革を起こす、移民法執行を提唱する多民族からなる団体」（強調筆者）と定義付けている（Doty 2009, 81）。もちろん、それら団体が公式に表明している立場と実態の間に齟齬がある可能性はあるものの、反移民団体とその構成員をすべて白人優越主義や人種差別主義と安直に結びつけるのは妥当でないだろう。

また、具体的な国境警備活動に際して許可されている行動も団体によって異なる。例えば、ミニットマン・プロジェクトやミニットマン市民防衛隊は拳銃の携帯のみを許可するが、カリフォルニア・ミニットマンとも呼ばれるカリフォルニア・ボーダー・ウォッチは、拳銃、猟銃、突撃銃、散弾銃の携帯を認め、野球のバット、スタンガン、鉈を携行するよう勧めている（Doty 2009, 37）。

これらの団体が協働する他の団体にも違いがある。ドーティは反移民団体の多様性を指摘しつつも、それら団体に広く見られる特徴として、国家安全保障との関係、キリスト教右派団体との関係、白人優越主義・ネイティヴィズムとの関係という三つを指摘している。ただし、ドーティの調査では、そのような関係を持つ団体や構成員が全体の中でどの程度の割合を示すのか、また、その関係の深さがどの程度なのかは明らかにされていない。例えば、キリスト教右派との関わりについて、代表的なキリスト教右派の家族問題協議会は二〇〇六年に移民問題についての会議を行った際にタンクレドやクリコリアンを招いているが、反移民団体が常にキリスト教右派と行動をともにしているわけではない。そもそも、キリスト教右派の中にもACLUなどの移民推進団体と協力関係に立つものもある。いわゆる反移民団体には実際には多様なものが含まれているといえよう。

また、先に指摘したようにシャピラは、ミニットマン・プロジェクトの中でもエリート・レベルとメンバー・レベルの間には大きなズレがあると指摘している。ミニットマン・プロジェクトに参加している人々にはヴェトナム戦争の帰還兵も多く、九・一一テロ事件以後にアフガニスタンやイラクでの従軍を希望したものの、年齢や健康上の理由で従軍が認められなかった人も多いという（Shapira 2013）。

従軍経験をした人の中には、戦場を懐かしむ人も実は多い。軍隊では団体行動が多いため、仲間意識や一体感を持つことができる。軍隊では若い兵士であっても責任の重い任務を与えられることが多いため、仲間から尊敬の念を勝ち得るとともに、自分が有益な人間だとの意識を持つことも可能である。だが、戦場で得られた仲間意識や自尊心は、帰国後、失われることが多い。軍隊での経験は帰還後に一般社会で役に立つことはほとんどない。軍歴よりも学歴が重視される社会では、自らの社会的重要性が低下した気分になる。特に、従軍中の負傷が原因となって失業したり就職に失敗したりした場合には、自尊心を喪失する可能性も高い。さらに、反戦意識が強い時代には、従軍経験者は他の人と疎遠になりがちになり、コミュニティの中で居場所を失ってしまう（Shapira 2013）。

シャピラによれば、ミニットマン・プロジェクトに参加しているのは、排外主義的な極右の人々ばかりではない。変質するアメリカ社会において尊厳を失ったという意識を持つ人々、アメリカというコミュニティの中で自らの居場所を無くしたと思っている人々が、アメリカ国民としての義務と責任を果たそうとして、ミニットマン・プロジェクトに参加している。メキシコからの侵略者に対して様々な作戦が展開されていて、ブキャナンの本のタイトルを用いるならば「緊急事態」にあるアメリカ＝メキシコ国境地帯で、過去を懐かしみつつ国を守る義務と責任を果たす活動に参加すれば、自尊心を高めることができる。そのような心情に基づき、政治学者のロバート・パットナムが指摘するような人間関係資本の形成を求めて活動しているのが、メンバー・レベルの特徴である。彼らが求めているのは、かつて軍隊内部で経験したような人間関係とアメリカ人としての義務感・責任感を発現させる場であり、実際には移民、不法移民に同情的な人々も多く存在するのである（Shapira 2013; cfs., Putnam 2000; Buchanan 2006）。

このように、いわゆる反移民団体の性格を簡単に要約することはできない。だが、実際の団体に多様性があるとはいえ、このような団体が国境付近の軍事化、いうなれば移民問題が国土安全保障の問題と結びつけて論じられるようになった結果として登場してきたことは、論を俟たないであろう。

また、これらの活動が、不法移民問題と国土安全保障の問題が密接に関連しているという世論の認識を強化した側面も指摘できる。ミニットマン・プロジェクトの活動がメディアの注目を集めた結果として、〝反中南米系不法移民の自警団〟というイメージが一般に流布していった。右派系のメディア、特にラジオ番組は、中南米系移民がもともとメキシコ領だった地域をアメリカから奪い返そうとしているという「レコンキスタ説」に基づいてこれらの団体の活動を紹介している。また、移民改革コーカスのタンクレドらがギルクリストらと深い関係を持っていることもあり、政治家に与える影響力も強いといえるだろう。

さらにいえば、このような反移民活動家の活動が国境警備を強化したことも指摘することができる。もっとも、これら反移民活動家の数は必ずしも多くなく、国境付近で国境警備隊員が数多く活動していることを考えれば、反移民活動家が国境警備の面で直接的に貢献している度合いは小さい。だが、反移民活動家の活動が世論の注目を集め、国境警備の必要性についての認識が政治家や世論の間で高まる結果として、国境警備隊に配分される予算も増額されたのである。

三　むすびにかえて

アメリカの世論は不法移民問題を重要争点と位置付けてはいるものの、適切な対応の仕方については見解が分かれている。不法移民の問題は国民の感情を強く揺さぶる争点である。実は移民問題は二大政党を横断する争点であり、両党の内部に移民・不法移民に寛容な立場をとる人と批判的な立場をとる人の両方が存在した。そのため、移民問題を解決するには、呉越同舟的連合を形成する必要があると考えられてきた（西山 2018）。

だが、今日のアメリカでは共和党を中心に包括的移民改革法に強く反対する立場が強くなっている。その最大の理由は、九・一一テロ事件以後、移民問題とテロ対策という別個の問題が、政治家やメディアの議論だけではなく、政策執行の次元でも混ざってしまったことにある。それは、移民法の規定が刑事法の規定と違い、ほぼ無条件で大きな権力を行使することを法執行機関に認めているためである。テロ騒ぎが一段落した二〇〇三年に、不法移民を刑事法違反で訴追できるよう法規制がなされたが、あてがわれる弁護士が十分な役割を果たしているとはいえない。

また、テロの取り締まりと不法移民問題がリンクされた結果、アメリカ＝メキシコ国境付近における取り締まりが強化された。その結果として、国境地域の軍事化が進行している。これには、少なくとも二つの意味がある。

第一に、国境警備隊は制服を着用し、赤外線ゴーグルや警棒などの装備を身につけ銃器を明示的に携行するようになり、軍隊式の訓練をうけている。国境監視員は司法省ではなく国土安全保障省の管轄に入り、不法移民を国外追放したり法を執行したりするだけでなくテロリストの可能性のある人々からアメリカを守ることが任務となっている（Payan 2006, 78-79）。

第二に、議会は法執行機関の支援をするよう、軍に要請するようになっている。もっとも、軍事部門と文民部門の分離原則を謳ったポシ・コミテイタス法により、軍は戒厳令が布かれるなどの緊急事態を除いて国内の法執行活動に関与してはならないという原則が存在する。そして、一九八〇年代まで、軍はこの原則を厳格に守ってきた。だが、一九八九年に国防総省内に麻薬取り締まりを支援するための部署が創設されて一〇億ドルの予算が付けられるようになると、議会は法執行活動への軍の関与を求めるようになった。そこで、軍は国境付近で軍人の訓練を行い、国境警備を赤外線ゴーグルなどのハイテク装置の訓練の場として活用するようになった（Payan 2006, 78-79）。

このような国境地帯の軍事化についても、アメリカ国内でも賛否両論がある。そして、その賛否は二大政党の対立と対応するようになっている。すなわち、民主党支持者は不法移民に寛容な立場をとり国境地帯の軍事化に反対する一方で、共和党支持者は不法移民に厳格な立場をとり国境地帯の軍事化に賛成している。この傾向は、ドナルド・トランプ政権下でより鮮明になった。次章ではトランプ政権に主な焦点を当てて、不法移民と犯罪の関連性について大きな議論を巻き起こした「聖域都市」問題について検討することにしたい。

第六章

聖域都市

裁判所前で「聖域」政策を求める人々（2017 年 4 月 14 日）
AP/ アフロ

一　はじめに

二〇一七年一月二五日、ドナルド・トランプ大統領は、「合衆国領内における公共の安全強化」と題する大統領令に署名した。そこでは、「合衆国内に存在する聖域地域は、外国人を合衆国から退去させるのを妨げようとして、意図的に連邦法を破っている。これらの地域はアメリカ国民と我が共和国の根本的構造に計り知れない害を与えている」と記されている。同大統領令の目的は、「聖域都市」に対する連邦補助金を、司法長官らが法執行の目的上必要と判断したものを除いて、停止することだった。トランプは二〇一六年の大統領選挙中から聖域都市に対する連邦補助金停止の方針を明言しており、大統領就任六日目に出されたこの大統領令は、その公約を実現しようとする試みだった。

この大統領令はアメリカ国内で聖域都市についての議論を巻き起こした。オレゴンやカリフォルニアなど民主党が優位する州の中には、「聖域」としての姿勢を明確に宣言するところがあった。それに対し、テキサスやアイオワなどは、「聖域」としての政策を禁止する法律を制定した。そして、トランプの大統領令は、そもそもの前提として、「聖域都市とは一体何なのだろうか」という疑問を多くの人に抱かせた。

トランプはサンフランシスコなどいくつかの都市を聖域都市の例として批判した。トランプのいう聖域都市とは、不法移民の厳格な取り締まりという自らの方針に協力しない州や地方政府のことを漠然と指していたのだろう。だが、二〇一七年四月に連邦地方裁判所が大統領令に対する一時差し止め命令を出した際、国土安全保障省の担当者が「聖域都市の定義はまだ確定しておらず、定義が確定するまで補助金を削減しない」と発言したことに象徴されるように、聖域都市について規定した法律は存在しない。一般的な定義も存在しないのが実情である(1)。聖域都市の定義がはっきりしない状態でその是非を論じても、議論がかみ合わないのは、ある意味当然であった(2)。

聖域都市という言葉の定義がはっきりとしない状況では、どの都市が聖域都市なのか、そして、全米にいくつの聖域都市が存在するのかも確定できず、それ故に聖域都市についての本格的研究が十分に行われているとはいえない。このような状況を踏まえて、本章は、聖域都市をめぐって議論されている事柄を整理し、問題の所在を明らかにすることにしたい。以下ではまず、聖域都市が政治問題化するようになった背景を簡単に紹介した後、州・地方政府が連邦政府の移民政策の執行に関与することを可能にする法律上の規定にどのようなものがあるのか、州・地方政府はなぜ連邦政府の移民政策の執行に関与することに消極的なのか、そして、連邦政府からの要請にどのように対応しているのかを説明したい。

二　聖域都市をめぐる背景知識

不法移民に対する認識

今日のアメリカには約一一〇〇万人の不法移民が居住するとされている。不法移民をどうとらえるかをめぐっては様々な議論があり、それが聖域都市をめぐる議論にも影響を与えている。アメリカではそもそも、日本語の「不法移民」という言葉に対応する英語として何を用いるべきかという論争があり、論者の立場によって、「illegal immigrant」、「irregular immigrant」、「undocumented immigrant」などの表現が用いられている。これらは直訳すれば、それぞれ違法移民、非正規移民、書類不所持移民となるだろう（西山 2019）。

（1）連邦司法省は聖域都市を「地方の法執行機関や職員が移民法の執行をする役割を制限する州法や地方法、部局の政策などを持っている地域」と定義している。U.S. Department of Justice, Office of the Inspector General, Audit Division, "Cooperation of SCAAP Recipients in the Removal of Criminal Aliens from the United States," January, 2007, 〈https://oig.justice.gov/reports/OJP/a0707/final.pdf〉.

（2）聖域都市に関する対立する見解を紹介することを目的として編まれた書籍（Lusted 2019）を見れば、議論の混乱状況を見て取ることができる。

不法移民は既存の法律に違反してアメリカ国内に滞在していることを考えれば、彼らのことを「違法移民」と呼ぶのが適切となる。不法移民に対して厳格な立場をとる人々、違法に国内に滞在しているという事実を重視する人々は、この違法移民という表現を用いている。

だが、歴史的にアメリカ＝メキシコ間の国境線は不明瞭で国境を越えて生活する人が多く存在してきた事実があり、アメリカ経済もメキシコからやってくる人々の労働を前提として組み立てられてきた。国境を縦断して生活してきた人々は、政府が国境を突然取り締まり始めたことに当惑した。また、子どもの頃に親に連れられて違法に越境した、ドリーマーと呼ばれる人々も存在する。彼らがアメリカ国内に違法に滞在しているのは事実だが、彼らに責任を帰するのは妥当とはいいにくい面がある。これらのことを考えて、彼らに「違法」という表現を用いて批判するのは不適切だという議論が提起されている。このような問題意識から、「非正規」とか、合法的身分を証明する書類を所有していないという観点から「書類不所持」という表現を用いるべきだと提唱されている。不法移民に寛容な立場をとる人は、「書類不所持移民」という表現を用いることが多い。

このように、不法移民に対するとらえ方は一様ではなく、論者の立場によって表現が使い分けられている。興味深いことに、中南米系移民の中でも、不法移民に対する立場は一様ではない。正規の手続きを経て合法的地位を獲得した人の中には、不法移民に批判的な人がいる。例えば、法律に違反して居住する人々のせいで自分たちまでもが批判的な眼差しを向けられていると考える人々は、不法移民を「違法」移民と呼び、その退去処分を求める場合もある。

このように、アメリカにおいて不法移民を取り巻く実態は複雑であり、移民コミュニティも分断されている。アメリカでは、不法移民に対してどの表現を用いるかが、その政治的立場により異なっているのである。(3)

不法移民と州・地方政府

第五章では、九・一一テロ事件後、州や地方政府の方が連邦政府よりも不法移民に強硬な立場をとることも多かったと説明した。それに対し、今日では、トランプ政権の強硬な不法移民対策に批判的な州や地方政府が増大している。

先ほど指摘したとおり、不法移民は古くからアメリカ国内に数多く存在しており、不法移民

(3) 日本の研究者の中に、「不法移民」という表現に批判的な人がいる。その場合、不法というのが illegal の和訳だと考えられているようであり、その用法を拒否する観点から、例えば「非合法」移民という表現を用いるべきと主張する人がいる。だが、「非合法」という表現が具体的にどのような意味であり、「不法」とどのように異なるのか、筆者には理解できない。そもそも、日本の法律では「不法」という表現は民事法上の不法行為については用いられるものの、刑事法の枠組みで用いられることはない。不法移民という表現が日本では一般的に用いられていることを考えれば、不法移民という表現はむしろ中立的な表現だと考えられるとの認識から、本書では不法移民という表現を用いている。

への対応は、アメリカ史上常に議論されてきた。一般論としては、次のような場合に、対応は厳しいものとなるだろう。すなわち、新たに流入する人口が連邦・州・地方政府が受け入れ可能と想定しているのより多い場合や、不法移民流入により希少資源の獲得をめぐる争いが激化する場合、不法移民やその子孫が独自のコミュニティを作るなどしてホスト社会の一体感を損ねると危惧される場合、不法移民が犯罪やテロなどの危険と結び付けてとらえられる場合、そして政府が不法移民に対して十分な統制能力を持たないと考えられる場合、などである（Tichenor 2002; Masuoka & Junn 2013; Gonzalez O'Brien 2018; Ngai 2004）。

近年のアメリカでは、第五章で検討したように九・一一テロ事件によって不法移民がテロと結び付けられて理解された時期や、リーマンショックによって景気が低迷して失業者が増大した二〇〇七年から二〇〇九年までの時期には、多くの州や地方政府が不法移民に対して懲罰的な態度で臨んでいた。

だが、九・一一テロ事件以前にも以後にも、アメリカ＝メキシコ国境地帯を経由して流入した移民や不法移民によってテロが引き起こされていないことが知られるようになったのに加えて、景気が回復段階に入ると、不法移民に対する批判的な対応が弱まる可能性が出てきた。

トランプ政権は不法移民に強硬な立場をとり続けていたものの、世論は政権の方針に同調してきたわけではない。ピュー・リサーチ・センターの調査によると、不法移民が市民権を獲得できる可能性を世論は一貫して支持しているし、少なくとも合法的に国内に居住することを認めるべきとの立場が二大政党の支持者ともに多数を占めている。もちろん、二大政党間で違いは存在している。二〇一六年四月に発表された調査によれば、一定の条件を満たした場合にアメリカ国内で合法的に居住することを認めるべきという人は七五％となっている。だが、民主党支持者の場合は八八％に及ぶのに対して、共和党支持者の場合は五九％となっている（Jones 2016）。ちなみに、トランプ大統領が提唱したアメリカ＝メキシコ国境地帯の壁の建設については、支持しない人が六二％となっている。民主党支持者の八九％が不支持なのに対して、共和党支持者は七四％が支持している（Suls 2017）。

この二大政党間の相違は、治安や経済に対する認識というよりも、党派性、そしてトランプの主張を受け入れているか否かによって生じている。トランプは不法移民がアメリカ国民から雇用を奪っていると批判していたが、そのような批判を受け入れている人々は白人労働者層に多い。彼らは社会経済的地位を低下させているが、彼らが職を失ったのは産業構造の変化とオートメーション化の故であり、実際は不法移民によって職を奪われたのではない。彼らの不法移民に対する態度は、事実ではなく、不安やイメージによって規定されているのである（西山 2016b; ゲスト 2019）。

不法移民に対する懸念としてもう一つ指摘されるのが、彼らが犯罪を増加させているのでは

図4　人口10万人当たりの収監者数（＊は中南米系を除く）

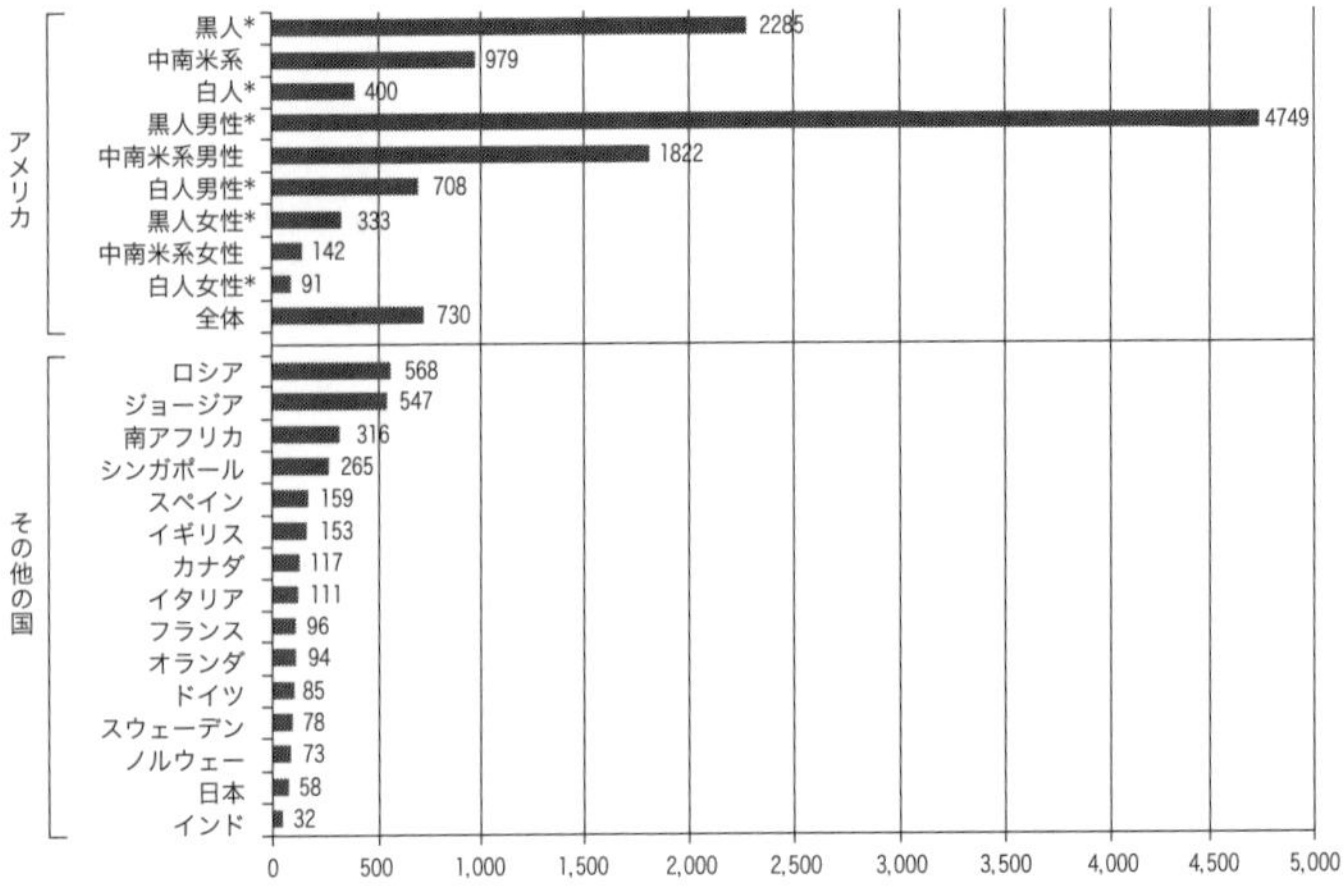

（出典）Gottschalk(2015), p.5

ないかというものである。だが、この懸念については杞憂であり、不法移民の大半は許可なくアメリカに滞在していることを除けば法律に違反することはしていないと指摘されている(Ackerman & Furman 2013; Ewing et al. 2015)。

問題なのは、移民が犯罪をもたらしているという主張に、一見したところデータの裏付けがあるように見えることである。

図4は人口一〇万人当たりの収監者数を、いくつかの国と、アメリカにおける集団別で示したものである。収監者比率を国際比較する際には、犯罪の範囲（定義）が広い国ではその率が高くなるとか、仮に同じ治安状態でも法執行機関が積極的に取り締まりを行えば率が高くなるなどの問題があるが、全般的な傾向を見る上では有益だろう。日本では人口一〇万人当たりで

図5　連邦法で訴追された人数中で、移民法関連で訴追された人の割合

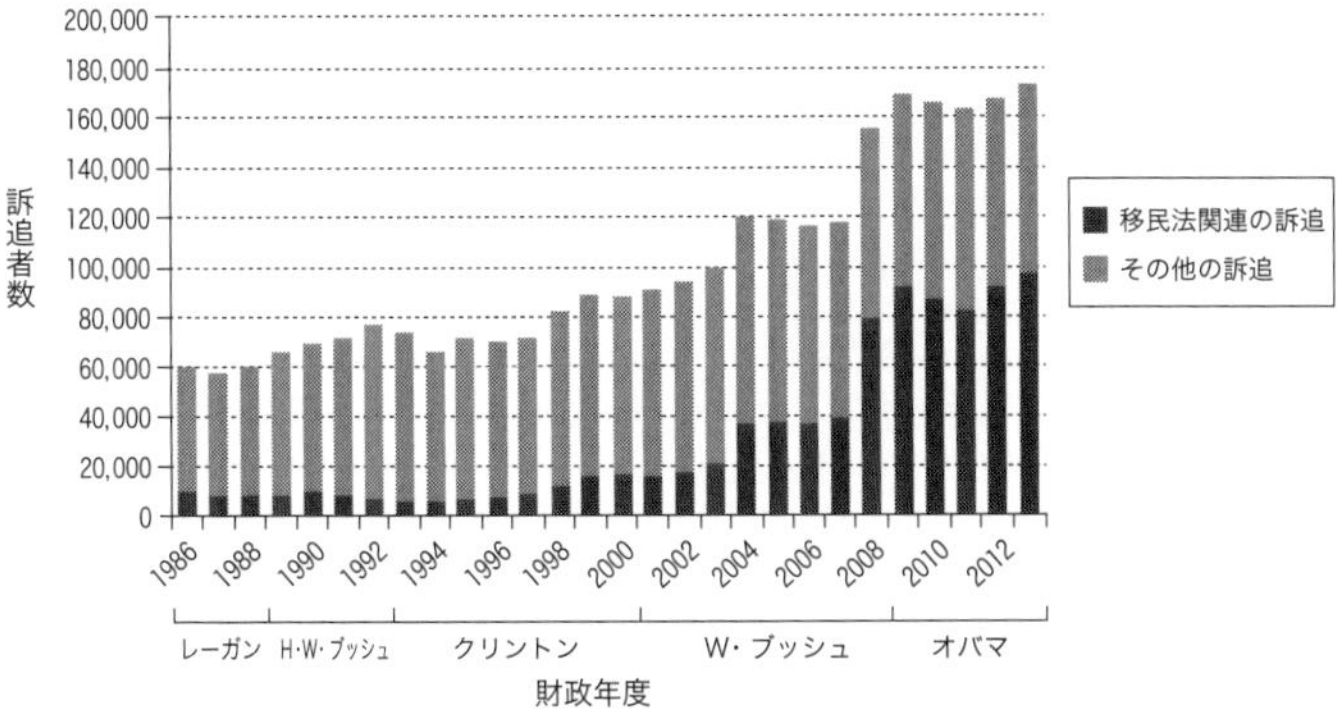

（出典）Gottschalk（2015）, p.225

収監者数は五八人に過ぎないが、アメリカの場合は七三〇人で、治安の悪さがいわれるロシアやジョージアよりも多い。そして、アメリカ国内についてみれば、黒人と中南米系、とりわけ、黒人男性と中南米系男性の比率が非常に高いことがわかる。

黒人男性の収監率が高いのは、対麻薬戦争などとの関連で人種的プロファイリングがなされた結果でもある。では、中南米系についてどうかといえば、中南米系の収監率は移民法との関連で引き上げられている。

図5に示されているように、アメリカの連邦法で訴追された人のうち、移民法関連で訴追された人の割合が高くなっている。近年では、移民法の執行と犯罪政策の境界が曖昧になっている。今日、移民法執行に連邦政府が用いている費用は、主要な法執行機関が用いている費用の総額を超えている。一九九八年から二〇一〇年の間の連邦刑務所の受刑者の増加の五六%が移

民法関連の廉による。二〇一三年に連邦刑務所に収監されている者の約一一%が、移民法関連の廉による。二〇一二年の段階で、中南米系は、連邦刑務所に収監されている者の三五%、連邦裁判所で被告とされた者の約五〇%を占めるに至っている。連邦裁判所と連邦刑務所で、中南米系は今日最大の存在感を示す存在となっている。

もっとも、アメリカでは人種・民族構成別の収監理由に関するデータが整備されていないため、断定的な結論を出すことはできない。とはいえ、移民法違反の故に収監されている中南米系の人が多いと推定するのは理に適っている。移民については、罪を犯せば国外退去処分を科される可能性が高くなるため、犯罪に着手するのは合理性に欠ける。不法移民本人や、家族に不法移民がいるような人にとっては、仮に犯罪被害にあった場合でも、法執行機関に訴えれば自らや家族の不法滞在が明らかになる可能性が高いことから、泣き寝入りする場合も多い。移民や不法移民の増大が治安を悪化させるとの懸念は、杞憂である可能性が高い。

このような背景の下、今日、聖域都市と呼ばれる地域が登場しているのである。

聖域都市という言葉

聖域都市（sanctuary city）という言葉はきわめて論争的である（Delgado 2019, chap. 5; Collingwood & Gonzalez O'Brien 2019, 6-8）。

まず「聖域」という言葉が、移動する民という意味での移民と関連して使われた例は、これまでにも存在する。例えば、南北戦争の際に、北部の一部の教会が南部からの逃亡奴隷を保護した際に、彼らにとっての「聖域」の役割を果たすのだと主張したことがあった。また、一九八〇年代に中米のエルサルバドルとグアテマラにおける暴力から逃れようとした人々に対し、連邦政府が外交上の考慮から難民認定せず、庇護を与えなかったのに対し、彼らを保護する「聖域」を提供すると宣言して活動した教会があった(4)。

このように、聖域という言葉は、教会など信仰に基づく組織が人道的考慮に基づいて積極的に連邦政府の方針を否定し、移動する民を受け入れようとする場合に用いられることが多かった。そのような教会の存在を容認し、時にそれに協力する都市が聖域都市と自称したり、あるいは、そう呼ばれたりすることもあった。そして、その受け入れの主たる対象は、難民から中南米出身の不法移民へと変化していった。

(4) この事実は、難民認定が政治的、外交的な動機に基づいて行われる可能性があることを示唆している。どこかの国から難民を受け入れるということは、その国が難民を生み出すような好ましくない行動をとっているとの批判を暗に伴うことになるため、外交戦略上密接な関係を維持したい国から難民を受け入れるのは回避される。他方、冷戦期の共産主義国のように、敵対する国からの難民は積極的に受け入れられるようになる。アメリカは世界の中で最も多くの難民を受け入れているが、それはアメリカが道義的に優れた国であることを示しているわけでは必ずしもなく、敵と味方を峻別する傾向が強い国であることを示唆している可能性もある。難民問題について多様な視点を身につけるためは、大津留(2016)と墓田(2016)を読み比べることを推奨する。

今日の聖域都市の中にも、連邦政府の移民政策に反対する意図から、聖域都市であることを積極的に打ち出すところも存在する。ローレンス・コリングウッドとベンジャミン・ゴンザレス・オブライエンの調査によれば、州レベルで聖域としての立場を示そうとして提出された法案は、二〇一七年になって急増したという（Collingwood & Gonzalez O'Brien 2019, chap. 4）。ただし、聖域都市とされているところは、イデオロギー的理由から積極的に「聖域」たろうとしているというよりも、不法移民が膨大に存在するという現実を踏まえて、自分たちの持つ政治的、財政的資源の範囲内で最も妥当な対応をしようとした結果、外部から聖域都市と呼ばれるようになったというのが実態である。実践的な理由に基づいて聖域都市となっていたところでも、イデオロギー的側面が強調されるようになったのは、まさに最近なのである。

トランプ政権は、聖域都市が連邦政府の方針のみならず既存法規を破って不法移民を匿っているかのように主張したが、後に述べるように、聖域都市は法的に果たさねばならない義務については基本的には果たしている。仮に、聖域都市が法律違反をしているように見えるとするならば、それは、アメリカの移民をめぐる法律の実態が、一部の人が期待するような形では整備されていないことを示している。この点を理解するためには、連邦制との関連を念頭に置く必要がある。

聖域という言葉が論争的なのと同様に、「都市」という表現にも注意する必要がある。一般に聖域的な政策をとっていると評されている政治、行政体は都市に限られるわけではなく、一部の州政府に加えて、郡、タウン、大学などの地方政府や団体に及んでいるからである[5]。とはいえ、聖域州や聖域郡という表現は頻繁に用いられるわけではないため、本章では、いずれを指す場合でも聖域都市という表現を用いることにしたい[6]。

三　州・地方政府と移民取り締まり

法執行のメカニズム

伝統的にアメリカでは、移民の出入国管理は連邦政府の管轄事項とされていた。州や地方政府が関与し責任を負うのは移民の社会統合に関する事柄のみであり、国外退去処分などに地方

(5) ここで大学を政治・行政体と称していることに違和を感じる人もいるかもしれない。だが、アメリカの大学は独自に警察を組織することが認められていることも多く、独特な地方政府としての地位を与えられていることがある。もともと、アメリカの地方政府は、州政府が法人格を認めた municipal corporation と位置付けられており、地方政府が持つ権限はそれぞれ異なっている。一部の大学も municipal corporation としての地位を与えられて警察権が与えられている場合がある。

(6) なお、以下で論じるような聖域都市と同様の対応を、病院や教会などが行っている場合もあるが、本章は議論の対象を政府に限定することにしたい。

政府が関与することは想定されていなかった（西山 2016b）。

とはいえ、移民取り締まりを担うことが想定されている連邦政府の移民関税執行局（ＩＣＥ）の人員は不足している。そして、不法移民取り締まりが大争点になっていくと、州以下の政府を移民取り締まり業務に関与させることが目指されるようになり、地方政府の関与を可能にするための仕組みが導入されていった。以下、先行研究に基づいて紹介したい（Lasch et al. 2018）。

第一は、犯罪外国人プログラム（ＣＡＰ）である。一九八〇年代に作られたこのプログラムは、連邦、州、地方の収容施設にいる優先度の高い非合衆国市民を特定し、逮捕し、国外退去処分にするためのプログラムである。このプログラムでは、退去処分にすべき人物を特定するために、州や地方政府が管轄する収容施設の中で被収容者の生体や家族に関するデータを集め、聞き取り調査を行う権限をＩＣＥの担当者に与えている。二〇〇四年から二〇一五年の間に、一四三万五〇〇〇人以上の移民がＣＡＰの対象になったとされている。

このプログラムについては、優先度の高い非合衆国市民を対象とすると定めているにもかかわらず、犯罪歴がなかったり、交通違反などの軽微な犯罪に関わったりしただけの移民も対象とされているとか、対象者を選ぶ際に人種的プロファイリングが行われているという批判もなされている。トランプ政権はこのＣＡＰを不法移民対策のための手段として、積極的に活用する方針を示していた（Lasch et al. 2018, 1724-1725）。

第二は、アメリカ移民国籍法の二八七（g）プログラムである。一九九六年に不法移民改革移民統制法（ＩＩＲＩＲＡ）を制定した際に連邦議会は、移民法執行を目的として国土安全保障省（ＤＨＳ）が地方の法執行機関と協力するのを可能とするために、一九五二年に成立したアメリカ移民国籍法に二八七（g）項を追加した。このプログラムは、地方の法執行機関職員が逮捕・拘留など一部の移民取り締まりを行うための訓練をうけ、それらの活動をＤＨＳの職員の監督の下で代行することを認めるものである。訓練に関する費用は地方政府が負担することになっている。地方政府の法執行機関の職員の活動は、州や地方の法律に違反しない範囲に限定される。また、連邦政府が果たすべき役割を代行する際には書面で取り決めを行わなければならない（Lasch et al. 2018, 1725-1726）。

だが、オバマ政権は二〇一二年に、以後地方政府との間で二八七（g）プログラムの更新を行わないと発表した。オバマ政権下で行われたＤＨＳの総括監察官による調査などにより、ＤＨＳの職員が十分な監督を行っていないこと、連邦政府ではなく地方政府の方針に基づいた不適切な執行がなされていること、人種的プロファイリングなど人権に対する配慮が欠如した執行が行われていることが明らかになったためである。だが、トランプ大統領は選挙キャンペーン中から二八七（g）プログラムの復活を公約し、二〇一七年の大統領令で「法により認められる最大限の範囲で」二八七（g）プログラムを実施するよう、DHSに指示した（Lasch et al. 2018, 1726-1727）。

第三は、ICEの行政捜査令状がある。九・一一テロ事件以後、司法省法律顧問室は、二八七（g）項に基づく同意がない場合でも、地方の法執行機関は連邦の移民法を執行するための権限を持つとの解釈を提示した。その解釈に基づき、連邦政府はFBIの犯罪情報センター（NCIC）のデータベースに移民法違反に関する大量の情報を入力し（移民法違反ファイル：IVF）、地方の法執行機関がIVFの情報を検索して合致した場合は、それが行政捜査令状としての効力を持つと見なすようになった。行政捜査令状はICEの行政職員によって作成されるもので、裁判所によって出されるものではない。また、裁判所による令状は逮捕・捜査するのに相当な理由がある場合に出されるが、こちらにはそのような制約はかかっていない（Lasch et al. 2018, 1728-1729）。

だが、二〇一二年に連邦最高裁判所は、地方の法執行機関は移民法執行に関して固有の権限を持っておらず、極めて限定された事例を除き、単に退去処分の疑いがあるというだけで非合衆国市民を逮捕、拘留することは認められないとの判決（アリゾナ対合衆国）を出した。また、NCICに収められたIVFファイルの情報の精度も低いことが明らかになっている。だが、今日でもNCICのデータベースの情報は残っており、様々な形で利用可能である（Lasch et al. 2018, 1729)。

第四に、二〇〇八年に導入された「安全コミュニティ・プログラム」がある。地方の法執行機関が集めた生体情報のデータをFBI経由で自動的にDHSに送り、その情報をDHSが移民法執行に用いることを可能にするプログラムである。本プログラム策定以後、このデータに基づいてDHSは、地方政府の施設に収容されている不法移民の拘留期間を延長するよう求める文書を送るようになった。その際、DHSは「外国人を拘留するよう要求する」という、地方政府が同意するのは義務だという意味合いを含む表現を用いた文章を送付するようになった(Lasch et al. 2018, 1730-1731)。

このプログラムにより、地方の法執行機関が不法移民を拘留すれば、たとえそれが軽微な犯罪に基づくものであっても彼らの国外退去処分につながる可能性が出てきたため、移民コミュニティが法執行機関との関わりを避ける可能性が高くなった。そのため、移民コミュニティに属する者が犯罪被害にあった場合でも、通報せずに泣き寝入りするなどの弊害が見られるようになった。また、連邦政府の要求に基づいて不法移民の拘留を延長することになると、地方政府は地方の刑事法に根拠を持たないままに人員を収容施設で管理せねばならないことになって、財政的負担も上昇するし、犯罪対策の効率も悪くなる。

このような中で、二〇一四年のガラーザ対スザルチック判決で連邦第三巡回控訴裁判所は、

ＩＣＥによる拘留延長要求を尊重するよう地方政府に求めることはできず、拘留延長がなされる場合は地方政府の自発性に基づくものでなければならないとする判決を下した。同判決はまた、司法による令状などに基づかずに拘留を延長することは、地方政府が違法に個人を拘留したとして訴追される可能性を生み出すとも指摘した（Lasch et al. 2018, 1732）。

同判決をうけて、地方政府は安全コミュニティ・プログラムへの協力を控えるようになるとともに、オバマ政権も同プログラムの運用をやめ、代わりに優先執行プログラムを導入すると決定した。優先執行プログラムは連邦政府が地方政府に拘留を求めるのではなく、国外退去処分に処される可能性のある非合衆国市民の釈放に関する情報提供を求めるものである。だが、その後のトランプ政権は優先執行プログラムを廃止するのと併せて、安全コミュニティ・プログラムを復活させようと試みたのだった（Lasch et al. 2018, 1733）。

なぜ関わりたくないのか

以上説明してきたように、地方政府が連邦移民法を執行するのを可能にするためのプログラムには様々な問題が伴っており、オバマ政権はその規模を縮小したり運用を停止したりした。だが、トランプ政権はオバマ政権の対応を覆し、問題があるとされたプログラムを復活させて実施しようとした。トランプ政権成立以後、多くの地方政府が移民法執行への協力に消極的な立場を示すようになった背景には、このような事情がある。

トランプ政権の方針に反対したいという政治的背景を持つ市長や州知事も存在した。大統領や連邦上院議員などのより上位の公職への野心を持つ人の中には、トランプ政権と対立する立場を明確にするのが得策だと考える人もいた。

だが、連邦移民法の執行への協力に消極的な立場をとるのは、政策的合理性を考慮した結果である可能性も高い。ある先行研究は、聖域都市が採用した聖域政策の文面に記された正当化根拠を調べて六つに整理している。そのうち第六は連邦政府の政策に対する抗議に関するものであるため、[7] 以下では、残りの五つを参照しつつ、政策的観点から推測される理由を整理しておきたい。[8]

第一は、地方政府は刑事司法政策上の優先順位と資源の使い方について自ら決定するべきだ

(7) 当該研究によれば、カリフォルニア州リッチモンド市や、ニュージャージー州サウス・オレンジなどが、連邦の移民法に対する反対を根拠として明示している (Lasch et al. 2018, 1771-1772)。なお、カリフォルニア州は近年、トランプ政権への抗議の意味を込めた行動を頻繁にとるようになっていた。例えば、トランプがイスラム教の国々からの入国者はテロリストの可能性があるとして中東のいくつかの国からの入国を禁止する大統領令を出したのに対して、合衆国憲法違反だとして訴訟を提起した。また、オバマ政権期に地球環境保護を目的として締結したパリ協定からの離脱をトランプが宣言すると、パリ協定よりも水準の高い環境保護基準を独自に定めた。州政府が連邦政府と明確に異なる政策的立場を示すことが可能なことは、アメリカの連邦制の興味深い特徴である。

(8) 法律に明文化されている目的に加えて、労働力の足りない地域では、不法移民を労働力として活用したいというインセンティブを持っている。オルバニー市のキャシー・シーハン市長はその点をシンポジウムの場で率直に認めている (Sheehan et al. 2018, 691)。

という理由である。アメリカの移民法に関する一般的解釈によれば、移民の出入国管理に関する権限は専ら連邦政府に属しており、州や地方政府はそれに関与する権限を持たない。また、一九九〇年代に入ってから、ニューヨーク対合衆国事件やプリンツ対合衆国事件において連邦最高裁判所は、連邦政府は州政府に連邦の規制政策の実施を強制することはできないと判示している。これらの判決に基づいて、連邦政府が協力を求めてきた場合でも、それが地方政府の政策上の優先順位と合致しなければ協力しない場合がある。サンフランシスコやピッツバーグ、コネティカット州のニューヘヴンなどが、地方政府の自律性と優先順位重視を聖域政策の根拠として掲げている（Lasch et al. 2018, 1754-1755）。

同様に、連邦政府による拘留延長要請に基づいて不法移民を拘留し続けることは、地方政府が持つ刑事司法上の資源を有効活用する観点から望ましくないと主張されている。連邦政府が拘留に関する費用の補償を拒否していることもあり、地方政府には連邦政府の方針に従うインセンティブはない（Lasch et al. 2018, 1755-1756）。

そもそも、地方政府は連邦政府の移民政策に不満を持つことが多い。連邦の移民法は移民局（二〇〇三年までは司法省移民帰化局（ＩＮＳ）、以後は国土安全保障省の米国市民権・移民業務局（ＵＳＣＩＳ））に貧困な移民の入国を制限する権限を与えている。その移民法の規定に基づいて移民局が入国審査を行っている以上、貧困者はアメリカに入国していないはずだというのが連邦政府の立場である。だが、アメリカに貧困な移民が流入しているのは周知の事実である。そして、州以下の政府は国内から人々が移住してくるのを拒むことはできない。貧困者が地方政府に流入した場合、貧困者にサービスを提供し、その費用を負担するのは地方政府である。地方政府には、連邦政府の移民政策の欠陥が生み出す問題への対応と負担を押し付けられているという意識があるのである（西山 2016b, 88-99）。

第二は、法的根拠が十分でない逮捕や拘留を避けたいという理由である。地方政府が出入国管理に関する連邦法違反を根拠として不法移民を逮捕することができるのは、連邦法で明記されるなど特定の状況下に限られる。また、裁判所による令状がある場合を除き、移民法の規定違反のみを根拠に移民を拘留することは、不合理な捜索・押収・抑留の禁止を定めた合衆国憲法修正第四条に違反すると考えられている。さらに、マサチューセッツ州最高裁判所は、ラン対コモンウェルス判決において、地方の法執行機関が移民法違反に基づいて逮捕をするためには、連邦法上の根拠があるだけでは不十分で、州法か地方法にも根拠規定が必要だと定めている（Lasch et al. 2018, 1758-1761）。地方政府は不要な訴訟を避けたいはずであるから、以上の点を考慮すると、連邦政府による要求が地方政府の方針に合致しない場合に協力を拒否するのは合理的だといえよう。

第三は、移民法執行のために警察力を用いることは、マイノリティ・コミュニティとの信頼関係を損なうという理由である（Lasch et al. 2018, 1761-1764）。

アメリカでも、コミュニティ・ポリシングに対する関心が高まっている。警察が権威主義的に既遂犯罪の取り締まりを行うよりも、コミュニティと良好な関係を築き上げることによって犯罪を防止する方が好ましいという考えがその根底にある。法執行機関が接触する人物の法的地位について探索する可能性があると考えられるようになれば、自らが不法移民である場合はいうに及ばず、家族や友人に不法移民がいる場合などにも警察との関わりを避けたいと考えるのは不思議でない。犯罪の被害にあった場合でさえ、法執行機関との接触を恐れて通報をためらう事態も想定されよう。このような事態は、管轄内の秩序維持を最優先課題とする法執行機関にとって、好ましいものではない。

移民や不法移民が増大すると犯罪が増加するという議論が偏見であることは、先ほど指摘したとおりである。移民は罪を犯せば国外退去処分を課される可能性が高いことを考えれば、犯罪に着手する可能性は低い。法執行機関にとって重要なのは管轄内の秩序を維持することなので、犯罪に着手していない人々を逮捕・拘留する積極的な理由は見いだせないだろう（西山 2016b, 125-133）。

なお、第四章で説明したように、中南米出身者の一部がアメリカに麻薬を持ち込んでいるのは事実である。だが、それはギャングのメンバーなどごく一部に限られている。法執行機関としては、構成員の大半が麻薬犯罪とは無縁の移民コミュニティと信頼関係を築いている方が、麻薬犯罪に関与しているギャング等についての情報を入手しやすくなるため、好ましいといえるだろう（西山 2016b, 125-133）。

第四は、人種、エスニシティ、国籍などに基づく、差別的で不適切な取り締まりを避けるという理由である。一般に平等条項と呼ばれる合衆国憲法修正第一四条一項は、これらの要因に基づく差別を禁じている。また、公民権法も、連邦政府の財政支援をうけたプログラムや活動をするに際し、州政府と地方政府は人種や肌の色、出身国に基づいた差別を行ってはならないと規定している（Lasch et al. 2018, 1764-1768）。これらの規定を考慮すれば、地方政府が移民の取り締まりに消極的な姿勢を示すのは、むしろ当然かもしれない。

地方の法執行機関としては、とりわけ、いわゆる人種的プロファイリングを避けたいという思いがあるだろう。もっとも、本書で何度か指摘しているように、人種的プロファイリングをめぐっては様々な議論が存在する。一方では、人種的プロファイリングは人種に基づく差別に当たるので、正当化されるべきでないという議論がある。他方、特定の人種やエスニック集団の犯罪率が高いのであれば、そのような集団が多く居住する地域で積極的に取り締まりをするのは効率的だとして、人種的プロファイリングを正当化する立場もありうる。

政策執行の効率性という視点は、確かに重要である。だが、人種的プロファイリングが行われれば、そのコミュニティ内で犯罪が発見される可能性が高まるため、その集団の外形的な犯罪率は増大する。他方、他のコミュニティに投下される警察力は減少するため、それらコミュニティでは犯罪率は統計上減少する。その結果、人種的プロファイリングが行われた地域へのさらなる警察力投下を正当化する根拠が作り出されてしまう。人種的プロファイリングには一種の医原病の要素があるといえ、慎重な対応が必要だろう（西山 2009; 西山 2016b,132）。

第五は、多様性と包摂性の重視である（Lasch et al. 2018, 1767-1770）。トランプ大統領は二〇一六年大統領選挙期間中から、中南米系移民を麻薬犯や強姦魔だといってみたり、ネイティブ・アメリカンの血を引くことを自らの特徴として押し出していた民主党上院議員のエリザベス・ウォーレンをポカホンタスと呼んで揶揄したりするなど、人種やエスニシティの多様性を重視する人々を激怒させる発言を繰り返した。このような発言は、住民の大部分が中南米系を除く白人によって構成されるコミュニティなどでは支持されるかもしれない。だが、人種やエスニシティの点で多様な人々によって構成される都市では、多様性を尊重し、様々な集団を包摂する方が、地域の安定性を高めることができる。多様性を尊重するべきだという規範的な判断に加えて、このような都市の現実に即した判断からも、都市政府が不法移民取り締まりに消極的な姿勢を示すのは理解可能である（西山 2009）。

「聖域都市」側の対応

先にも指摘したとおり、トランプは聖域都市が意図的に連邦法を破っているというニュアンスを込めて聖域都市を批判した。だが、法律違反をすれば訴訟を提起されるなどの危険を伴うため、聖域都市も既存法規の枠内で対応するというのが実情であった。単一主権制を採用しているために中央政府が都道府県と市区町村に優位する日本とは異なり、連邦制をとるアメリカでは、連邦政府と州政府はともに主権を持つ政府であり、上下関係にあるわけではない。また、地方政府は州政府の創造物という位置付けであるため、連邦政府が地方政府に直接命令を行うことは基本的に想定されていない。不法移民の退去処分につながる可能性のある逮捕情報を地方政府が連邦政府と共有するか否かは、基本的には地方政府の裁量に属する。トランプによる聖域都市批判は、この点についての認識が不十分であった。

では、聖域都市はどのような対応をとっているのだろうか。先ほど紹介した先行研究では、大きく分けて五つの対応方法があると整理している。本章では、それにもう一つ別の要素を付け加えて、六つの対応方法を紹介することにしたい。

第一は、移民法違反に関する調査を禁じることである。しばしば "don't police policy" と呼ばれるこの政策は、法執行機関の職員を含む市職員に、特段の理由がない限り、移民法上の地位を尋ねることを禁じるものである。一九七九年にロサンゼルス市が、一九八九年にサンフランシスコ市がこの方針を導入したことが知られている（Lasch et al. 2018, 1739-1740）。もちろん、一九九六年の福祉国家再編と移民改革の結果、移民に対する公的扶助プログラムの提供が大幅に制限されたため（西山 2012b; 西山 2016b, 107-125）、給付申請手続きなどで必要な場合に住民の法的地位の確認が地方政府の職員によって行われるのは当然である。だが、そのような場合でも、移民法違反に関する取り締まりを公的扶助政策の担当者が代行したり、（第四として述べるように）他機関に情報提供したりすることはしない。

第二は、ＩＣＥの拘留要求等に従う事例を限定することである。ＩＣＥが裁判所によって発行された逮捕令状（criminal arrest warrant）を携えて拘留要求をしてきた場合には従うものの、ＩＣＥが独自に発行する行政上の逮捕令状（administrative arrest warrant）しか持参しない場合は従わないというのが基本方針である（Lasch et al. 2018, 1741-1743）。

第三は、ＩＣＥによる地方の収容施設へのアクセスを制限することである。地方の収容施設に不法移民が収容されていることがわかり、ＩＣＥが不法移民への聞き取り調査をしようとして収容施設にやってきた場合でも、裁判所によって発行された令状がない場合はアクセスを拒否するところがある。あるいは、アクセスを拒否しない場合でも、ＩＣＥの職員にミランダ警告(9)に類する警告を行うことを義務付け、不法移民に聞き取り調査を拒否する機会を与えようとする場合もある（Lasch et al. 2018, 1743-1745）。

第四は、市民権の有無や移民法上の地位など、住民が第三者に開示されるのを嫌がる可能性のある情報を開示・共有するのを制限することである。ＩＣＥのみならず、市や郡の法執行機関や他部局に対する情報提供も制限する場合が多い。そもそも、情報を記録せずにおくという方針を立てるところもある。それは、住民が退去処分等の懸念を抱くことなく、地方政府の職員と交流を持ったり、サービスを利用したりするのを可能にしようという意図に基づいている。ここで開示を制限する情報は個人情報に限定されるわけではなく、拘留中の不法移民がいつ、どこで拘留を解かれるかという情報も含む場合がある。そのような情報が開示されると、拘留を解かれた際にＩＣＥの職員が不法移民を捕捉しに来る可能性があるためである（Lasch et al. 2018, 1745-1748; Cf., Sheehan et al. 2018, 683）。

第五は、連邦政府との共同作戦への参加を見合わせることである。地方政府の予算と人員を不法移民取り締まりに関して一切用いないという方針を徹底し、連邦の移民法執行機関による協力要請がある場合でも共同作戦を展開しないと定めるものである（Lasch et al. 2018, 1748-1752）。

第六は、不法移民や、不法移民に対する支援を行っている人に対し、不法移民が持つ権利に

（9）ミランダ警告とは、第五章注1で記している通り、合衆国憲法修正第五条に定められた事柄のうち、刑事事件において自己に不利な証人となることを強制されないという自己負罪拒否権を現実化するためのものである。

ついての情報提供を行うなどの支援を行うことである。不法移民が弁護士を付けることができれば、退去処分を逃れる可能性は増大するかもしれない。また、移民法の規定は複雑であり、適切な知識を持つのは法律専門家にすら困難なので、彼らに移民法についての勉強会をする機会を提供することも、聖域都市らしい対応だといえるだろう(10)。

四　むすびにかえて

本章は、聖域都市が政治争点化されるようになった背景に加えて、聖域都市と呼ばれる地域の政府がどのような対応をとっているかなどの基本情報を先行研究に依拠しつつ紹介してきた。先に紹介したコリングウッドとゴンザレス・オブライエンは、聖域都市に対する反発は、実際の犯罪率や経済的要因ではなく、党派性と人口動態の変化（地域における中南米系人口の数とその増加率）、そして、移民と犯罪の関係性に対して個人が抱く懸念によってもたらされていることを明らかにしている。また、同研究は、聖域都市は犯罪率を増大させることはないのに加えて、中南米系の社会統合を促進するという肯定的な効果を持っているとも主張している（Collingwood et al. 2019, chaps. 3 & 5）。

今日のアメリカでは、不法移民をめぐる対立を反映する形で、聖域都市に対する立場も党派的に分裂している（Wong 2017）。共和党は聖域政策が犯罪行動を誘発してアメリカ国民の安全を危険にさらすと主張するのに対し、民主党は聖域政策がなくなれば既に脆弱な立場にある人々をさらに危険な状態に追いやり、治安や医療などの基礎的サービスのアクセスを否定することになると主張する。ただし、民主党支持者が聖域政策を明確に支持するようになったのは比較的最近のことであり、トランプによる聖域都市批判によって民主党支持者の認識も変化したと考えられる（Collingwood & Gonzalez O'Brien 2019, chap. 3）。

このように、連邦の二大政党間の対立はイデオロギーを反映している。だが本章が明らかにしたように、今日の聖域都市と呼ばれている都市が聖域的政策を実施するのは、イデオロギー的な要因ではなく実践的な理由に基づいているのだった。

このテーマに関する研究はまだ十分に行われているとはいえないが、不法移民取り締まりをめぐる連邦政府と州政府・地方政府の対立、並びに二大政党間の対立は、以後も続くだろう。聖域都市について今後も、研究が積み重ねられていく必要があるといえよう。

---

(10) アンディ・エアーズによる発言録（Sheehan et al. 2018, 683-685）を参照。なお、広義には語学の問題を抱える不法移民に対し通訳サービスを付けることなども、聖域都市としての姿勢を示しているといえるかもしれない。

終章

警察改革と「犯罪大国」のゆくえ

奴隷解放記念日に人種差別反対の一環として警察予算剥奪を求める人々
ロイター / アフロ

フロイドの死と政治的分断

二〇二〇年五月にミネソタ州ミネアポリス近郊で、黒人男性のジョージ・フロイドがデレク・ショーヴィンという白人警察官による不適切な拘束によって死亡した事件をうけて、警察による暴力への抗議と法執行機関の改革を求めるデモ行進が全米各地で繰り広げられた。フロイドが八分以上にわたって頸部を膝で押さえつけられて死亡した映像がソーシャル・メディアを通して世界中に拡散したが、フロイドが発した「息ができない（I can't breathe）」という言葉は、二〇一四年に同じく白人警察官による過剰な暴力によって逮捕中に窒息死したエリック・ガーナーが発した言葉と同じだった。この言葉は現在、アメリカにおける警察の暴力に抗議するための表現として使用されている。

抗議デモは大半が法律にのっとる形で平和裏に行われた。だが、一部が暴動化し、略奪や破壊行為も発生したため、複数の州で州兵が動員された。ドナルド・トランプ大統領は自らを「法と秩序」を守る大統領だとした上で、略奪や暴力行為を国内におけるテロ行為だと糾弾し、アメリカの安全がプロの無政府主義者や暴力的な群衆、放火犯、略奪者、犯罪者、暴徒、アンティファ（反ファシズムを掲げるグループ）などの勢力によって脅かされているとして、州知事や市長に対し、暴力が鎮圧されるまで警察権力の圧倒的な存在感を示すよう依頼し、それができない場合は自らが米軍を派遣すると発言するなどした[1]。

これら一連の動きは二〇二〇年大統領選挙にも影響を及ぼした。もっとも、フロイド殺害に対する抗議運動を支持する人の割合は、アメリカ国民の七四%、共和党支持者の五三%に達している。フロイド殺害事件自体に対する批判的な評価は、比較的多くの人々によって共有されている（Clement & Balz 2020）。にもかかわらず、より大きな観点から見た場合には、分極化が進む今日のアメリカでは、二大政党の支持者はこの問題を全く異なる観点からとらえている。

カイザー・ファミリー財団が二〇二〇年九月に実施した大統領選挙の「最も重要な争点は何か」を問う世論調査によると、民主党支持者は一位のコロナウイルス問題（三六%）に続いて人種問題（二四%）を挙げている。他方、共和党支持者は経済（五三%）に続いて刑事司法・警察（二三%）を挙げており、人種問題を挙げるのは二%に過ぎない（Hamel et al. 2020）。これは、フロイド死後に発生した問題を民主党支持者が人種問題としてとらえているのに対し、共和党支持者が「法と秩序」の問題としてとらえている可能性が高いことを示唆している。同じ問題を異なる枠組みでとらえるほどまでに、アメリカの政治社会は分断されているのである。

警察官による黒人殺害をどう見るか

今日、ブラック・ライヴズ・マター運動に参加している人々を中心に、警察改革を求める声が強まっている。[2] 注目すべきことに、警察官が黒人を殺してしまう事件がたびたび発生している現状は、偶然そのような暴力的な警察官がいたという個別的な事象ではなく、警察の暴力的で人種差別主義的な文化の表れではないかとの指摘も行われている。

周知のとおり、アメリカの南部では建国以前の植民地時代から奴隷制が採用されていた。南北戦争後に奴隷解放が行われ、合衆国憲法の修正も行われた。そして、アメリカでは一九六四年の公民権法と六五年の投票権法をうけて人種差別は法的には存在しなくなったとされている。だが、人種差別的な意識と行動は、現在も強固に存在していると考えられている。

黒人の間には、警察などの法執行機関に対する強い猜疑心が存在している。二〇一九年のピュー・リサーチ・センターの調査によれば、警察については黒人の八四％、白人の六三％が、刑事司法制度については黒人の八七％、白人の六一％が黒人を公正に扱っていないと回答している（Gramlich 2019）。また、警察官はしばしば「人種的プロファイリング」と呼ばれる、特定の人種に対する取り締まりを行っているのではないかと指摘されている。アメリカで黒人が人口中に占める割合は約一三％だが、刑務所に収監されている人に占める割合は約三割となって

（1）暴徒化した人々がどのような意図をもって抗議デモに参加していたのかには不明な点も多い。暴力行為や略奪行為を正当化するために、あるいは、抗議デモに対して否定的なイメージを与えるために、抗議デモの目的を共有することなく参加した人もいるといわれている。トランプ流に抗議デモを批判するのは妥当性に欠けると考えるのが妥当であろう。

（2）アメリカの警察の歴史については、西山（2012a）を参照のこと。

いる。そして、人種的な要因によって不当に警察に止められたことがあると世論調査で回答したのは、黒人全体では四四％、黒人男性では五九％に及んでいる（Anderson 2019）。

そして、二〇一六年に八〇〇〇名の警察官と四五〇〇人の一般成人を対象として、警察官により黒人が殺される事件を「孤立した事件」ととらえるか「警察と黒人の間に存在する大きな問題の表れ」ととらえるかを問うた調査によれば、アメリカ国民の六〇％が大きな問題の表れだと回答している。興味深いのは、警察官のうち六七％はそれらを「孤立した事件」だととらえており、「大きな問題の表れ」と回答したのは黒人警察官の中でも五七％にとどまり、白人警察官の中では二七％、中南米系の警察官の二六％に過ぎないことである。また、警察の取り締まりに対する大規模デモは、警察官に対するバイアスに基づいて行われていると回答した警察官の割合は六八％に及んでいる。この点についても人種による相違は存在する。警察のアカウンタビリティを高めてほしいという思いに部分的であれ基づいてデモが行われている、と考えている割合は、白人警察官の中では二七％しかいないのに対し、黒人警察官の間では五七％に及んでいる。このように、警察官と一般国民の間で認識に相違が見られるとともに、警察官内部でも人種による相違が見られるようになっているのである（Morin et al. 2017）。

繰り返し発生してしまっているこれらの事件はまさに悲劇であり、痛ましいものである。この認識は、大半の警察官にも共有されているはずである。にもかかわらず暴力的な取り締まりをしてしまう警察官がいるのはなぜかを、考える必要があるだろう。

警察の仕事とは何か？

警察の仕事は重大犯罪を取り締まることだと考えている人は多いだろう。だが、本書第二章でも記したように、警察官が行っている仕事の大半は、実は日常的な取り締まりである。具体的な犯罪行為が存在しない場合でも、地域住民から不審人物がいるとか不穏な地域があるとかという通報がなされた場合に、警察官は対応を迫られる。住民の不安を取り除くために、通報がなされる前に警邏《ら》活動を行うことも多いだろう。

だが、このような活動も、警察官にとっては危険が伴っている。第三章で詳述したとおり、アメリカは銃社会である。もちろん、厳しい銃規制を行っている州も存在するが、他州から移動してきた人物が銃を持っている可能性は存在するため、誰が銃を持っているかわからないという恐怖を警察官が抱いていても不思議ではないだろう。

今日のアメリカはかつてと比べれば治安が良好になっているとはいえ、依然として犯罪発生率の高い地域は存在する。貧困な地域では、生活を維持するために犯罪活動を正当化する人も相対的に多い。住民の中に麻薬の密売人などが紛れていたり、それら人物が銃を所有したりしている可能性もある。このような状態を考えれば、警察官が自らの身を守る観点から過剰な取り締まりを行うことを正当化するのは、理解できないわけではない。

取り締まりに際して不適切な暴力行使や人種差別主義的な取り締まりをしてはならないことは、警察学校等でも教育されている。だが、そのような教育が犯罪の現場でどれだけ重視されているかには疑問が伴う。かつて日本でも〈事件は会議室で起きているのではない。現場で起きているんだ〉という旨のテレビドラマのセリフが流行したことがあるが、座学で学んだことは現場では役に立たないという、現場経験を積み重ねたベテラン刑事の言葉が説得力を持つ可能性は十分に考えられるだろう(3)。

警察官のカルチャー

なお、今回のフロイドの事件では、事件を起こしたショーヴィンの相棒の一人であるトウ・タオが、白人警察官の妻とラオス移民の両親を持つモン族コミュニティ出身者であることも注目を集めた。フロイドを膝で押さえつけた警察官の妻もモン族系のアジア人である。

モン族はヴェトナム戦争時のラオスでアメリカに協力した少数民族であり、戦後その多くがミネソタ州に居を構えた。二〇一七年に全米に三一万人弱のモン族が居住しているが、そのうち八万五〇〇〇人がミネソタ州に、そしてそのほとんどがミネアポリス・セントポール地域に居住しているという。そして、マイノリティに属する彼らが、同じくマイノリティである黒人に対して不適切な取り締まりを行ったのは不可解だと指摘する論者も、一部に存在するようである。だが、アメリカにおけるマイノリティの多様性、とりわけ、モン系アメリカ人がアメリカ社会で置かれている複雑な状況を考えれば、そのような批判は単純に過ぎる（ヴァンほか2020）。モン族のアメリカにおける社会経済的地位は高くないため、秩序を維持する役割を持つと考えられている警察官の仕事を立派にこなすことによってアメリカ社会で認められようという発想は理解可能である。警察とマイノリティの間には、特別な関係性が見いだせるのである。

また、警察官には警察官のカルチャーというべきものが存在することも忘れてはならないだろう。警察官は身の危険と隣り合わせである以上、何かあると互いに助け合わなければならないため、チーム内で波風を立てないことが重視される。同じチームのメンバーが好ましくない行動をとったとしてもある程度は見過ごすこと、不祥事が発生しても仲間を売らないことが、長期的には自らの安全を守ることにつながると考える可能性は高い。

また、アメリカの警察官は歴史的に白人労働者階級的な男性性を支配的文化としており、そ

（3）一般論とすれば行政機構は高位の者が地位の低い者に指示・命令をした場合には、下位の者はその指示・命令を粛々と実施することが求められる。だが、警察に関してはむしろ地位が低く第一線で活動している人々の方が、より多くの裁量を利かせる必要がある。警察の活動について考察する上で重要な文献は多いが、とりわけ、Walker (1977), Walker (1997), Wilson (1968) などを参照のこと。また、アメリカの警察の歴史について概観した西山（2012a）でも、様々な問題提起を行っている。

れが警察学校における訓練や日常の勤務、そして同僚との社交を通じて継承されてきたという指摘もなされている。その中では、男らしさを証明すること、そして、現場において取り締まり対象を服従させる威厳を持つことなどが求められるという（兼子 2020）。黒人警察官や女性警察官が増大しつつある今日、このような文化がどの程度の影響を及ぼしているかについては今後の検討を待たねばならないが、これも興味深い視点である。

人種的プロファイリング

人種的プロファイリングについても、一般人と警察官が異なる見方をしている可能性もあるだろう。人種的プロファイリングとは、特定の人種的特徴を持った人々に対して重点的に職務質問や検問、捜査などを行うことである。これは今日では人種差別主義的で好ましくないものととらえられているが、犯罪取り締まりの現場では異なる理解がされている可能性もある。貧困な黒人、そして彼らが多く居住する地域の犯罪率が高いことは残念ながら事実であり、犯罪率が高いところに集中的に警察力を投下するのはある意味合理的だからである。

もっとも、この方法が完全に合理的で人種差別とは無関係な手法かといえば、決してそうではない。黒人地域により多くの警察力が投入されるということは、他の地域では警察力が減少することを意味する。従って、仮に同じだけの犯罪が発生している場合であっても、黒人地域においてより多くが発見されるという結果につながる可能性が高い。このように、人種的プロファイリングには一種の医原病的な側面があり、結果的に人種差別を拡大しているといえる。だが、犯罪取り締まりの現場ではそのような点にまで思いをいたさず、効率的な取り締まりを行うための方法として認識されている可能性が高いだろう。

警察による取り締まりには構造的な人種差別の問題が伴っているのは事実であり、この問題を改善する必要性は高い。警察官の中に人種差別的意図を持つ人が紛れているのも、残念ながら事実だろう。だが、警察官の大半は人種差別的な意図をもって取り締まりを行っているつもりがないというのもおそらく事実である。これは、当事者の意思とは無関係に人種差別が姿を現し、自己拡大する危険性があることを意味している。このような、いわば制度的な人種差別を克服することが今後のアメリカ社会に求められていることはいうまでもないだろう。とはいえ、このような差別は十分に認識されているわけではないし、一部の人々の努力によって容易に乗り越えられるわけでもない。このような事情が今日の世論と警察官の認識の相違を生んでいるといえるだろう。

警察改革を求める運動

フロイドをめぐる痛ましい事件をうけて、アメリカでは警察改革を求める動きが活発化している。その中でも、「警察予算を剥奪せよ！（defund the police）」というスローガンを掲げる運動が注目を集めている。

この運動は、警察による暴力や人種差別主義に対する抗議の意味が込められている。そして、この運動に参加する人の中には、実は多様な立場が存在する。急進的な立場をとる人の中には、現在の警察を解散して、公共の安全を確保するための新たなシステムを構築するべきと主張する人がいる。だが、大半の参加者は、警察に対して向けられている予算を、心の病やホームレス対策など、別の社会サービスに振り向けることを要求しており、「警察予算を剥奪せよ！」というスローガンからうけるような過激な主張が伴っているわけでは必ずしもない。

このような議論がなされる背景には、革新主義時代以降、警察のあるべき姿をめぐって論争がなされてきたことがある。警察を法執行機関と見なして具体的な刑事法違反のみを取り締まるべきなのか、あるいは、犯罪の背景にある社会問題の解消も念頭に置きながらより広範な役割を果たすべきなのか、という問題である（西山 2012a）。伝統的には、共和党が警察を法執行機関と見なすべきとの立場をとり続けていたのに対し、民主党はより広範な問題への対処も念頭に置いて活動するべきとの立場を示してきた。だが今回は、ホームレスや不良少年、薬物中毒者への対応などについてはそれぞれ地方政府の別の部署が責任を負う体制を構築して警察の役割を限定するよう求める動きが左派から出てきており、左派の変化を示唆している。

この警察予算剥奪運動に賛同する連邦議会議員はアレクサンドリア・オカシオ＝コルテスのような一部の人に限られており、連邦の政治家の大半はこの運動とは距離を置いている。それは一つには、合衆国憲法の立て付け上、アメリカでは警察は基本的に州以下の政府が管轄するものとなっているため、連邦政府が直接的な影響力を行使するのは困難だからである。例えば、ナンシー・ペロシ下院議長らは、警察予算の割り振りを変更すること自体に反対はしないが、それは専ら地方政府が決めるべき事項だと述べている。

また、警察予算剥奪というスローガンが穏健な有権者にはあまりにも過激に映ることに対する懸念が存在することも、大きな理由である。アメリカ国内でも、農村地帯やコミュニティ・ポリシングが成功しているところでは、警察官はコミュニティ内の良き一員として評価されている場合もある。警察予算剥奪というスローガンは、そのようなコミュニティに居住する人々を刺激しかねない[4]。民主党の大統領候補として二〇二〇年大統領選挙に勝利したジョー・バイデンは、警察予算を剥奪することには賛成しかねるとの立場を示している。なお、バイデンは、ビル・クリントン政権期に行われた刑事司法制度改革で対犯罪戦争の旗振り役を務めた経緯も

（4）左派系の活動家の中には、例えばトランプ政権による不法移民への不適切な対応が問題となった際に、出入国管理を管轄する移民関税執行局（ICE）を廃止せよというスローガンを掲げる人々が存在した。これらのスローガンは注目を集めやすく活動家の支持を糾合するにはよいかもしれないが、穏健な立場の人々を遠ざけ、反対派の活動を活発化させる危険を伴っている。

あり、警察によるマイノリティの取り締まり強化の原因を作った人として批判されることもある。バイデンは初の黒人大統領となったバラク・オバマを副大統領として支えた人物であるため黒人からの支持は強いが、このような過去を持つバイデンに不信感を持つ黒人活動家も存在する。バイデンも今後、大統領として慎重な行動をとらねばならないだろう。

とはいえ、警察改革を求める声は強いため、民主党議員が中心となって連邦議会下院で警察改革法案が提出された。これには、警察官が不適切な行動をとるのを抑制することを目指して警察官にボディ・カメラをつけさせること、背後から首を絞めたり頸動脈を絞めたりするのを禁止すること、問題行動を起こして解雇された人物が他の場所で警察官として再雇用されるのを防ぐべく過去に問題を起こした警察官のデータベースを全米規模で構築すること、違法薬物取り締まりなどに際して警察官による無断の家宅捜索を認める令状を制限することなどが含まれている。また、危険な任務に就くことに伴って警察官には一定の免責が認められるべきと考えられているが、その原則が警察官による過剰な取り締まりを正当化しているとの懸念から、その免責範囲を限定することも求められている。さらには、クリントン政権期に始まり、とりわけ九・一一テロ事件以後顕著になっていた警察の取り締まりの軍事化に歯止めをかけようとする内容も含まれている。これらの主張はかねてよりブラック・ライヴズ・マター運動の中で要求されていたものである。

これらの改革案を見ればわかるように、民主党も警察をなくせばよいという立場をとっているわけでは決してない。だが、二〇二〇年の選挙期間中に下院少数党院内総務である共和党のケヴィン・マッカーシーはツイッターで警察官に呼び掛け、民主党は警察予算を剥奪しようとしているが、共和党は決して警察に背を向けることはないと対決姿勢を示した。共和党の一部の政治家は、民主党が犯罪に対して弱腰であり、反警察的バイアスを持っているとして糾弾する構えを見せていた。ドナルド・トランプは二〇一六年大統領選挙の際から「法と秩序」の問題を強調し、犯罪取り締まり強化を強く掲げてきたが、民主党が警察解体という過激思想に関わっていると批判した。このように、犯罪問題は二大政党の対立争点となった。このような状況にあって、法案のゆくえを見通すのは困難である。

このように、二〇二〇年大統領選挙前に争点として浮上した警察改革の問題は、今日のアメリカの政治社会の分断状況を色濃く反映しているとともに、本書で扱ってきた様々な問題と密接に関わっているのである。

あとがき

本書の執筆はこれまでの著作と比べて多くの苦悩を伴った。筆者はこれまで、社会福祉、移民、トランプ現象など、評価の分かれる問題を取り上げて論じてきたが、評論などの一部の場合を除き、自らの政治的判断や価値観とは関係なく、事実と論理を重視した分析を行うよう心掛けてきた。だが、本書執筆時には、自らの経験や思いが無意識のうちに議論に反映されているのではないかと不安になることが多かった。

筆者は幼少期から警察官の知り合いがおり、その個人的関係から警察に対して複雑な感情を抱いていた。また、アメリカ滞在中に本書の内容と関連するいくつかの経験をした。例えば、ニューヨーク市内のユースホステルで就寝中に、何らかの薬物を摂取したと思われる人物に突如抱きつかれ、慌てて宿の外に逃げたことがある。かつて犯罪多発都市と言われたニューヨーク市で深夜に街に飛び出しても危険な目にあわなかったのはジュリアーニ政権下で治安が向上したおかげだと、その時思ったことを思い出す。また、筆者はラトガーズ・ニュージャージー州立大学大学院への留学中、ニューアーク駅でホールドアップされて金を巻き上げられたことがある。犯人は「オーランドの刑務所から逃げてきて、シカゴに行くのに金が要る」と言っていた。だが、その翌週にその犯人とキャンパス内で出くわした際には、彼は「私は生まれつき耳が聞こえず話すこともできないけれど、皆さんと意思疎通がしたい。だから、手話を書いたこの紙を一ドルで買ってください」と書いた紙を人々に渡して、優しそうな笑顔を振りまいていた。この経験から、善良そうな人にも恐ろしい裏の顔があるかもしれないという思いを強く抱くことになった。警察官が無辜の市民に対して過剰な暴力を用いるのは許しがたいと思いつつも、彼らにも彼らなりの理屈があるのかもしれないと思ってしまうのは、こうした経験によるものだろう。

このような経験があったため、筆者は犯罪問題に漠たる関心を持ち続けていた。そして、最初に奉職した甲南大学で、北村亘先生（現大阪大学）の尽力で警察大学校警察政策センターの樋口晴彦先生のご協力の下、樋口先生や警察庁ＯＢに加えて、大阪府警察本部や兵庫県警察本部から講師を招いてオムニバス講義をしていただくことになった。そして北村先生の大学転出に伴い、その授業のコーディネーターを引き継ぐことになった。その間、多くの履修生が警察に就職したし、甲南大学を卒業した警察官とも知遇を得た。一連の講義や交流を通して、警察の方々が非常に誠実に仕事をしておられること、そして、様々な形で行われていた警察批判は実際は的外れなことが多く、警察以外の制度や主体に問題がある場合がむしろ多いことに気づかされた。

そのような折に、古矢旬先生から犯罪に関する論考をアメリカ学会創設四〇周年記念論文集に寄稿するようお声掛けいただき、本書第二章の基となる原稿を執筆させていただいた。それを機に、犯罪や警察に関する論考をいくつか執筆することになったが、先ほど述べたような諸々の経験が自らの議論に影響を及ぼしていないかとの不安が筆者の頭から消えることはなかった。

犯罪問題は人々の感情的反応を惹起する可能性が高い問題である。筆者の議論の客観性、学術的厳密性が維持できているかについては、皆様の判断を仰ぐことにしたい。

本書執筆に際しては、多くの方から様々なことを学ばせていただいた。先に記した樋口先生、また甲南大学に講師として来てくださった弁護士の後藤啓二先生や大阪府警察本部・兵庫県警察本部の皆様から、犯罪問題の複雑さを教えていただいた。また当該授業に関連して、北村先生に行政のあり方について、前田忠弘先生、平山幹子先生、徳永光先生（現獨協大学）、笹倉香奈先生に刑事法について教えていただいた。成蹊大学に移籍してからは、金光旭先生から刑事政策の考え方をご教示いただいた。筆者は現在成蹊大学で学長補佐の任にあるが、そのような職にありながら原稿を執筆することができるのは、成蹊大学の先生方や事務室の皆様が大いに配慮してくださっているおかげである。

古矢先生のほか、故五十嵐武士先生、故松尾文夫先生、ジョン・W・チェンバーズ先生、久保文明先生、松岡泰先生、前嶋和弘先生、岡山裕先生、渡辺将人先生には、本書の執筆に関連する様々なご助言をいただいた。「国家と法研究会」でお世話になっている新井誠先生、岡田順太先生、向井洋子先生、湯淺墾道先生、横大道聡先生らには、多様な視点から物事を見ることの重要性を教えていただいている。

また、本書の基となる研究に関して、科学研究費助成事業（課題番号　23730155）と一般財団法人櫻田会から研究助成をいただいた。本書出版に際しては、成蹊大学学術研究成果出版助成をいただいた。資料整理に際しては西岡穂氏の協力を得た。また、弘文堂の登健太郎氏とお仕事をさせていただくのはこれで五冊目となるが、これまでと同様にとても丁寧に原稿を見ていただき、数多くの有益な助言をしていただいた。

ここで記させていただいた方々以外にも、多くの方々に様々な形でご支援、ご教導をいただいている。筆者と様々な形で関わってくださった皆様に、心よりお礼を申し上げたい。

二〇二一年一月

西山隆行

初出一覧（ただし、各章ともに内容をアップデートするとともに加筆修正を施している）

第一章　「犯罪対策の強化と保守派の主導」五十嵐武士＝久保文明編『アメリカ現代政治の構図――イデオロギー対立とそのゆくえ』（東京大学出版会・二〇〇九年）。

第二章　「都市社会の秩序と暴力」古矢旬＝山田史郎編『アメリカ研究の越境　第2巻　権力と暴力』（ミネルヴァ書房・二〇〇七年）。

第三章　「アメリカの銃規制をめぐる政治」高野清弘＝土佐和生＝西山隆行編『知的公共圏の復権の試み』（行路社・二〇一六年）、「アメリカにおける銃規制と利益集団政治」『甲南法学』第五六巻三・四号（高野清弘教授退職記念号・二〇一六年）、「五九人殺害『ラスベガス乱射事件』それでも米国から銃が消えない理由――『最強の利益集団』その影響力」講談社現代ビジネス（二〇一七年一〇月一六日）〈http://gendai.ismedia.jp/articles/-/53149〉、「フロリダ州銃乱射から二ヵ月、これまでの事件と違う『五つのこと』」講談社現代ビジネス（二〇一八年四月一二日）〈http://gendai.ismedia.jp/articles/-/55151〉。

第四章　書き下ろし。

第五章　「アメリカの移民政策における安全保障対策と不法移民対策の収斂」『甲南法学』第五四巻一・二号（二〇一三年）、「アメリカの移民問題とテロ対策・犯罪」小山剛＝新井誠＝横大道聡編『日常のなかの〈自由と安全〉――生活安全をめぐる法・政策・実務』（弘文堂・二〇二〇年）。

第六章　「アメリカの聖域都市と不法移民問題」『成蹊法学』九一号（二〇一九年）。

「『政治』から『改革』へ——アメリカ警察の政治的特徴と革新主義時代の警察改革」林田敏子＝大日方純夫編『近代ヨーロッパの探求一三　警察』（ミネルヴァ書房・二〇一二年）、「黒人暴行死事件とアメリカ大統領選挙の行方」日本放送協会（ＮＨＫ）「視点論点」（二〇二〇年六月一七日）、「警察予算を打ち切れ！」笹川平和財団（ＳＰＦ）アメリカ現状モニタープロジェクト（二〇二〇年六月三〇日）〈https://www.spf.org/jpus-j/spf-america-monitor/spf-america-monitor-document-detail_67.html〉、「『息ができない…』白人警官による『黒人殺害・暴行』が繰り返される理由　警察改革と大統領選の行方」講談社現代ビジネス（二〇二〇年七月二〇日）〈https://gendai.ismedia.jp/articles/-/74060〉。

【T】

Tichenor, Daniel J., 2002 *Dividing Lines: The Politics of Immigration Control in America*, Princeton University Press.

Tichenor, Daniel J., 2012 "Splitting the Coalition: The Political Perils and Opportunities of Immigration Reform," in Martin A. Levin, Daniel DiSalvo, & Martin M. Shapiro, eds., *Building Coalitions, Making Policy: The Politics of the Clinton, Bush, and Obama Presidencies*, Johns Hopkins University Press.

【W】

Walker, Samuel., 1977 *A Critical History of Police Reform: The Emergence of Professionalization*, D.C. Heath.

Walker, Samuel, 1997 *Popular Justice: A History of American Criminal Justice* [second edition], Oxford University Press.［藤本哲也監訳 1999『民衆司法—アメリカ刑事司法の歴史』中央大学出版部］

Wilson, James Q., 1968 *Varieties of Police Behavior: The Management of Law and Order in Eight Communities*, Harvard University Press.

Wilson, James Q., 1973 *Political Organizations*, Basic Books.

Wilson, James Q. 1996 "Forward," in Kelling & Coles (1996).

Wilson, James Q. & George L. Kelling, 1982 "Broken Windows: The Police and Neighborhood Safety," *Atlantic Monthly* 249.

Wilson, William Julius, 1987 *The Truly Disadvantaged: The Inner City, the Underclass, and Public Policy*, University of Chicago Press.

Wong, Tom K., 2017 *The Politics of Immigration: Partisanship, Demographic Change, and American National Identity*, Oxford University Press.

【Z】

Zimring, Franklin E. & Gordon Hawkins, 1992 *The Search for Rational Drug Control*, Cambridge University Press.

the U.S. – Mexico Boundary, Routledge.
Ngai, Mae M., 2004 *Impossible Subjects: Illegal Aliens and the Making of Modern America*, Princeton University Press.

【O】
Oliver, Willard M., 2003 *The Law & Order Presidency*, Prentice Hall.
Olson, Mancur, 1965 *The Logic of Collective Action: Public Goods and the Theory of Groups*, Harvard University Press.

【P】
Payan, Tony, 2006 *The Three U.S – Mexico Border Wars: Drugs, Immigration, and Homeland Security*, Praeger Security International.
Pew Research Center, 2015 "Continued Bipartisan Support for Expanded Background Checks on Gun Sales: More Polarized Views of the NRA's Influence," August 13.
Phillips, Kevin P. 1969 *The Emerging Republican Majority*, Arlington House.
Piven Frances Fox & Richard A. Cloward, 1971 *Regulating the Poor: The Functions of Public Welfare*, Pantheon.
Porter, Eduardo, 2005 "Illegal Immigrants are Bolstering Social Security with Billions," *New York Times* April 5.
Putnam, Robert D., 2000 *Bowling Alone: The Collapse and Revival of American Community*, Simon & Schuster.

【R】
Rosenblum, Marc R., 2009 "Immigration and U.S. National Interests: Historical Cases and the Contemporary Debate," in Givens, Terri E., Gary P. Freeman, & David L. Leal, eds., *Immigration Policy and Security: U.S. European, and Commonwealth Perspectives*, Routledge.

【S】
Shapira, Harel, 2013 *Waiting for José: The Minutemen's Pursuit of America*, Princeton University Press.
Shapiro, Bruce, 1997 "Victims and Vengeance: Why the Victims' Rights Amendment is a Bad Idea," *The Nation* 264.
Sheehan, Kathy M., Philip L. Torrey, Dina Francesca Haynes, & Jeremy McLean, 2018 "Transcript: Albany Law Review Fall 2017 Symposium: Sanctuary Cities," *Albany Law Review* 81-2.
Simon, Jonathan, 2007 *Governing Through Crime: How the War on Crime Transformed American Democracy and Created a Culture of Fear*, Oxford University Press.
Simon, Jonathan, 2008 "From the New Deal to the Crime Deal," in Mary Louise Frampton, Ian Haney López, & Jonathan Simon, eds., *After the War on Crime: Race, Democracy, and a New Reconstruction*, New York University Press.
Skogan, Wesley G., 1990 *Disorder and Decline: Crime and the Spiral of Decay in American Neighborhoods*, University of California Press.
Spitzer, Robert J., 2015 *The Politics of Gun Control* [sixth edition], Paradigm Publishers.
Starr, Brantley, 2017 "Executive Power over Immigration," *Texas Review of Law & Politics* 22-2.
Suls, Rob, 2017 "Most Americans Continue to Oppose U.S. Border Wall , Doubt Mexico Would Pay for It," Pew Research Center.

Crime, Ics Press.

【M】

McGirr, Lisa, 2015 *The War on Alcohol: Prohibition and the Rise of the American State*, W. W. Norton.

Maril, Robert Lee, 2011 *The Fence: National Security, Public Safety, and Illegal Immigration along the U.S. – Mexico Border*, Texas Tech University Press.

Marion, Nancy E., 1994 *A History of Federal Crime Control Initiatives, 1960 – 1993*, Praeger.

Marion, Nancy E., 1997 "Symbolic Policies in Clinton's Crime Control Agenda," *Buffalo Criminal Law Review* 1-1.

Masuoka, Natalie & Jane Junn, 2013 *The Politics of Belonging: Race, Public Opinion, and Immigration*, University of Chicago Press.

McArdle, Andrea & Tanya Erzen, eds., 2001 *Zero Tolerance: Quality of Life and the New Police Brutality in New York City*, New York University Press.

Mead, Lawrence M., 1986 *Beyond Entitlement: The Social Obligations of Citizenship*, Free Press.

Mead, Lawrence M., ed., 1997 *The New Paternalism: Supervisory Approaches to Poverty*, Brookings Institution Press.

Messner, Steven F., 1989 "Economic Discrimination and Societal Homicide Rates: Further Evidence on the Cost of Inequality," *American Sociological Review* 54.

Messner, Steven F. & Richard Rosenfeld, 2001 *Crime and the American Dream* [third edition], Wadsworth.

Michalowski, Raymond J., 1993 "Some Thoughts Regarding the Impact of Clinton's Election on Crime and Justice Policy," *The Criminologist* 18.

Miller, Jerome G., 1996 *Search and Destroy: African-American Males in the Criminal Justice System*, Cambridge University Press.

Miller, Lisa L., 2001 *The Politics of Community Crime Prevention: Implementing Operation Weed and Seed in Seattle*, Ashgate.

Miller, Lisa L., 2008 *The Perils of Federalism: Race, Poverty, and the Politics of Crime Control*, Oxford University Press.

Morin, Rich, Kim Parker, Renee Stepler, & Andrew Mercer, 2017 "6. Police views, public views," Pew Research Center, 〈https://www.pewsocialtrends.org/2017/01/11/police-views-public-views/〉.

Morone, James A., 2003 *Hellfire Nation: The Politics of Sin in American History*, Yale University Press.

Murakawa, Naomi, 2014 *The First Civil Right: How Liberals Built Prison America*, Oxford University Press.

Murray, Charles, 1984 *Losing Ground: American Social Policy, 1950 – 1980*, Basic Books.

Musto, David F., 1999 *American Disease: Origins of Narcotic Control* [third edition], Oxford University Press.

Musto, David F., 2008 *Drugs in America: A Documentary History*, New York University Press.

Musto, David F. & Pamela Korsmeyer 2002 *The Quest for Drug Control: Politics and Federal Policy in a Period of Increasing Substance Abuse, 1963-1981*, Yale University Press.

【N】

Navarro, Armando, 2008 *The Immigration Crisis: Nativism, Armed Vigilantism, and the Rise of a Countervailing Movement*, Altamira Press.

Nevins, Joseph, 2010 *Operation Gatekeeper and Beyond: The War on "Illegals" and the Remaking of* of criminal justice system," Pew Research Center, 〈https://www.pewresearch.org/fact-tank/2019/05/21/from-police-to-parole-black-and-white-americans-differ-widely-in-their-views-of-criminal-justice-system/〉.

【H】

Hamel, Liz, Audrey Kearney, Ashley Kirzinger, Lunna Lopes, Cailey Muñana, & Mollyann Brodie, 2020 "KFF Health Tracking Poll - September 2020: Top Issues in 2020 Election, The Role of Misinformation, and Views on A Potential Coronavirus Vaccine," 〈https://www.kff.org/coronavirus-covid-19/report/kff-health-tracking-poll-september-2020/〉.

Hannon, L. & J. DeFronzo, 1998 "The Truly Disadvantaged: Public Assistance and Crime," *Social Problems* 45.

Harcourt, Bernard E., 2001 *Illusion of Order: The False Promise of Broken Windows Policing*, Harvard University Press.

Hochschild, Jennifer L., 1995 *Facing Up to the American Dream: Race, Class, and the Soul of the Nation*, Princeton University Press.

【J】

Jacobs, Jane, 1961 *The Death and Life of Great American Cities*, Random House.

Jones, Bradley, 2016 "Americans' Views of Immigrants Marked by Widening Partisan, Generational Divides," Pew Research Center.

【K】

Katz, Michael B., 1989 *The Undeserving Poor: From the War on Poverty to the War on Welfare*, Pantheon Books.

Kelling, George L. & Catherine M. Coles, 1996 *Fixing Broken Windows: Restoring Order and Reducing Crime in Our Communities*, Simon & Schuster.［小宮信夫監訳 2004『割れ窓理論による犯罪防止―コミュニティの安全をどう確保するか』文化書房博文社］

Kelling, George L. & William H. Sousa, Jr., 2001 "Do Police Matter? An Analysis of the Impact of New York City's Police Reform," *Civic Report*, no. 22 (Manhattan Institute for Policy Research).

Kleiman, Mark A. R., Jonathan P. Caulkins, & Angela Hawken, 2011 *Drugs and Drug Policy: What Everyone Needs to Know*, Oxford University Press.

Krikorian, Mark, 2004 "Keeping Terror Out: Immigration Policy and Asymmetric Warfare," *The National Interest* 75.

【L】

Lasch, Christopher N., R. Linus Chan, Ingrid V. Eagly, Dina Francesca Haynes, Annie Lai, Elizabeth M. McCormick, & Juliet P. Stumpf, 2018 "Understanding 'Sanctuary Cities,'" *Boston College Law Review* 59.

Leon, Joshua K., 2017 "Sanctuary Cities in an Age of Resistance," *The Progressive* March.

López, Ian Haney & Jonathan Simon, eds., 2008 *After the War on Crime: Race, Democracy, and a New Reconstruction*, New York University Press.

Lott Jr., John R., 2010 *More Guns, Less Crime: Understanding Crime and Gun – Control Laws* [3rd edition], University of Chicago Press.

Lukes, Steven, 1974 *Power: A Radical View*, Macmillan.

Lusted, Marcia Amidon, ed., 2019 *Sanctuary Cities*, Greenhaven Publishing.

Lynch, James, 1995 "Crime in International Perspective," in James Q. Wilson & Joan Petersilia, eds.,

112-49.
Case, Anne & Angus Deaton, 2020 *Deaths of Despair and the Future of Capitalism*, Princeton University Press.
Caulkins, Jonathan P., Angela Hawken, Beau Kilmer, & Mark A.R. Kleiman, 2012 *Marijuana Legalization: What Everyone Needs to Know*, Oxford University Press.
Chambliss, William J., 2001 *Power, Politics, & Crime*, Westview Press.
Clark, Peter B. & James Q. Wilson, 1961 "Incentive Systems: A Theory of Organization," *Administrative Science Quarterly* 6.
Clement, Scott & Dan Balz, 2020 "Big majorities support protests over Floyd killing and say police need to change, poll finds," *Washington Post*, June 9.
Collingwood, Loren & Benjamin Gonzalez O'Brien, 2019 *Sanctuary Cities: The Politics of Refuge*, Oxford University Press.
Cook, Philip J. & Kristin A. Goss, 2014 *The Gun Debate: What Everyone Needs to Know*, Oxford University Press.

【D】
Dear, Michael, 2013 *Why Walls Won't Work: Repairing the US-Mexico Divide*, Oxford University Press.
Delgado, Malvin, 2019 *Sanctuary Cities, Communities, and Organizations*, Oxford University Press.
Doty, Roxanne Lynn, 2009 *The Law into Their Hands: Immigration and the Politics of Exceptionalism*, The University of Arizona Press.
Dworkin, Ronald, 1977 *Taking Rights Seriously*, Harvard University Press.

【E】
Ewing, Walter A., Daniel Martinez, & Rubén G. Rumbaut, 2015 "The Criminalization of Immigration in the United States," American Immigration Council Special Report.

【F】
Feeley, Malcolm M. & Jonathan Simon, 1994 "Actuarial Justice: The Emerging New Criminal Law," in David Nelken ed., *The Futures of Criminology*, Sage.
Frug, Gerald E., 1999 *City Making: Building Communities without Building Walls*, Princeton University Press.

【G】
Garland, David, 2002 *The Culture of Control: Crime and Social Order in Contemporary Society*, University of Chicago Press.
Gilchrist, Jim & Jerome R. Corsi, 2006 *Minutemen: The Battle to Secure America's Borders*, World Ahead Publishing.
Givens, Terri, Gary P. Freeman, & David L. Leal, eds., 2008 *Immigration Policy and Security: U.S., European, and Commonwealth Perspectives*, Routledge.
Gonzalez O'Brien, Benjamin, 2018 *Handcuffs and Chain Link: Criminalizing the Undocumented in America*, University of Virginia Press.
Goss, Kristin A., 2006 *Disarmed: The Missing Movement for Gun Control in America*, Princeton University Press.
Gottschalk, Marie, 2015 *Caught: The Prison State and the Lockdown of American Politics*, Princeton University Press.
Gramlich, John, 2019 "From police to parole, black and white Americans differ widely in their views

W. W. Norton.

Anderson, Monica, 2019 "For black Americans, experiences of racial discrimination vary by education level, gender," Pew Research Center 〈https://www.pewresearch.org/fact-tank/2019/05/02/for-black-americans-experiences-of-racial-discrimination-vary-by-education-level-gender/〉.

Andreas, Peter, 2009 *Border Games: Policing the U.S. – Mexico Divide* [Second edition], Cornell University Press.

【B】

Bachrach, Peter & Morton S. Baratz, 1962 "Two Faces of Power," *American Political Science Review* 56.

Bachrach, Peter & Morton Baratz, 1963 "Decisions and Nondecisions: An Analytical Framework," *American Political Science Review* 57.

Barry, Tom, 2011 *Border Wars*, The MIT Press.

Becker, Howard S., 1963 *Outsiders: Studies in the Sociology of Deviance*, The Free Press of Glencoe.

Beckett, Katherine, 1997 *Making Crime Pay: Law and Order in Contemporary American Politics*, Oxford University Press.

Beckett, Katherine & Theodore Sasson, 2004, *The Politics of Injustice: Crime and Punishment in America*, [second edition] Sage Publications.

Bell, Daniel, 1960 "Crime as an American Way of Life" in his *The End of Ideology: on the exhaustion of political ideas in the fifties*, Free Press.

Bertram, Eva, Morris Blachman, Kenneth Sharpe, & Peter Andreas, 1996 *Drug War Politics: The Price of Denial*, University of California Press.

Bilke, Corrie, 2009 "Divided We Stand, United We Fall: A Public Policy Analysis of Sanctuary Cities' Role in the 'Illegal Immigration' Debate," *Indiana Law Review* 42.

Blakely, Edward J. & Mary Gail Snyder, 1999 *Fortress America: Gated Communities in the United States*, Brookings Institution Press.

Brady, Katlyn, 2017 "Sanctuary Cities and the Demise of the Secure Communities Program," *Texas Hispanic Journal of Law and Policy* 23-2.

Bratton, William, 1998 *Turnaround: How America's Top Cop Reversed the Crime Epidemic*, Random House.

Brown, Hana E., Jennifer A. Jones, & Taylor Dow, 2016 "Unity in the Struggle: Immigration and the South's Emerging Civil Rights Consensus," *Law and Contemporary Problems* 79-5.

Brown, Jim, 2007 "More Americans Killed by Illegal Aliens than Iraq War, Study Says," *Agape Press* February 22.

Buchanan, Patrick J., 2006 *State of Emergency: The Third World Invasion and Conquest of America*, Thomas Dunne Books.

Burnham, John C., 1993 *Bad Habits: Drinking, Smoking, Taking Drugs, Gambling, Sexual Misbehavior and Swearing in American History*, New York University Press.

【C】

Carens, Joseph H., 2008 "The Rights of Irregular Migrants," *Ethics & International Affairs* 22-2.

Carens, Joseph H., 2010 *Immigrants and the Right to Stay*, The MIT Press.

Carter, Dan T., 1996 *From George Wallace to Newt Gingrich: Race in the Conservative Counterrevolution, 1963 – 1994*, Louisiana University Press.

Case, Anne & Angus Deaton, 2015 "Rising morbidity and mortality in midlife among white non-Hispanic Americans in the 21st century," *Proceedings of the National Academy of Sciences*

ホックシールド、A・R 2018『壁の向こうの住人たち―アメリカの右派を覆う怒りと嘆き』布施由紀子訳、岩波書店

【ま行】

松尾文夫 2008『銃を持つ民主主義―「アメリカという国」のなりたち』小学館文庫

松尾文夫 2019『ニクソンのアメリカ―アメリカ第一主義の起源』岩波現代文庫

松本俊彦 2018『薬物依存症』ちくま新書

松本俊彦 2020『アディクション・スタディーズ―薬物依存症を捉えなおす 13 章』日本評論社

松本俊彦／古藤吾郎／上岡陽江 2017『ハームリダクションとは何か―薬物問題に対する、あるひとつの社会的選択』中外医学社

丸山泰弘 2015『刑事司法における薬物依存治療プログラムの意義―「回復」をめぐる権利と義務』日本評論社

丸山泰弘 2020「薬物政策から見る『生活安全』―なぜ合法化・非刑罰化の流れが起きているのか」小山ほか（2020）

ミラー、ロジャー／ダニエル、ベンジャミン／ダグラス、ノース 2010『経済学で現代社会を読む〈改訂新版〉』赤羽隆夫訳、日本経済新聞出版社

民主党 2005「『警察』を変えます」『東京マニフェスト 2005』

メイシー、ベス 2020『DOPESICK―アメリカを蝕むオピオイド危機』神保哲生訳、光文社

【や行】

安岡正晴 2017「トランプ政権と聖域都市―『不法移民』をめぐる連邦政府と州、地方政府の攻防」『国際文化学研究』第 48 号

吉川智志 2020「アメリカにおけるマリファナ規制と連邦制―『合法化』をめぐる統治構造の検討」小山ほか（2020）

【ら行】

ラフリー、ゲリー 2002『正統性の喪失―アメリカの街頭犯罪と社会制度の衰退』宝月誠監訳、東信堂

リンデン、D・J 2014『快感回路―なぜ気持ちいいのか なぜやめられないのか』岩坂彰訳、河出文庫

Nolan, James L. 2006『ドラッグ・コート―アメリカ刑事司法の再編』小沼杏坪監訳、小森榮／妹尾栄一訳、丸善プラネット

【A】

Ackerman, Alissa, & Rich Furman, 2013 "The Criminalization of Immigration and the Privatization of the Immigration Detention: Implications for Justice," *Contemporary Justice Review* 16-2.

Akers-Chacón, Justin & Mike Davis, eds., 2006 *No One Is Illegal: Fighting Racism and State Violence on the U.S. – Mexico Border*, Haymarket Books.

Alden, Edward, 2008 *The Closing of the American Border: Terrorism, Immigration, and Security Since 9/11*, Harper Perennial.

Alpert, Geoffrey P. & Alex R. Piquero, 2000 *Community Policing: Contemporary Readings* [Second Edition], Waveland Press.

Anderson, Elijah, 1990 *Streetwise: Race, Class, and Change in an Urban Community*, The University of Chicago Press.

Anderson, Elijah, 1999 *Code of the Street: Decency, Violence, and the Moral Life of the Inner City*,

佐久間裕美子 2019『真面目にマリファナの話をしよう』文藝春秋
シャー、エドウィン・M 1981『被害者なき犯罪―堕胎・同性愛・麻薬の社会学』畠中宗一／畠中郁子訳、新泉社

【た行】
武井弘一 2010『鉄砲を手放さなかった百姓たち―刀狩りから幕末まで』朝日選書
富井幸雄 2002『共和主義・民兵・銃規制―合衆国憲法修正第二条の読み方』昭和堂

【な行】
中野勝郎 1993『アメリカ連邦体制の確立―ハミルトンと共和制』東京大学出版会
西川伸一 2018『覚せい剤取締法の政治学―覚せい剤が合法的だった時代があった』ロゴス
西山隆行 2007「都市社会の秩序と暴力」古矢旬／山田史郎編『アメリカ研究の越境　第2巻　権力と暴力』ミネルヴァ書房
西山隆行 2008『アメリカ型福祉国家と都市政治―ニューヨーク市におけるアーバン・リベラリズムの展開』東京大学出版会
西山隆行 2009「犯罪対策の強化と保守派の主導」五十嵐武士／久保文明編『アメリカ現代政治の構図―イデオロギー対立とそのゆくえ』東京大学出版会
西山隆行 2010「アメリカの政策革新と都市政治」日本比較政治学会編『都市と政治的イノベーション』ミネルヴァ書房
西山隆行 2012a「『政治』から『改革』へ―アメリカ警察の政治的特徴と革新主義時代の警察改革」林田／大日方（2012）
西山隆行 2012b「移民政策と米墨国境問題―麻薬、不法移民とテロ対策」久保ほか（2012）
西山隆行 2012c「福祉政策と移民―1996年の個人責任就労機会調停法ならびに不法移民改革移民責任法をめぐって」久保ほか（2012a）
西山隆行 2013「アメリカの移民政策における安全保障対策と不法移民対策の収斂」『甲南法学』第54巻1・2号
西山隆行 2016a「アメリカにおける銃規制と利益集団政治」『甲南法学』第56巻3・4号
西山隆行 2016b『移民大国アメリカ』筑摩書房
西山隆行 2018『アメリカ政治入門』東京大学出版会
西山隆行 2019「移民」岡山裕／西山隆行編『アメリカの政治』弘文堂
西山隆行 2020a『格差と分断のアメリカ』東京堂出版
西山隆行 2020b「トランプ時代のアメリカにおけるポピュリズム」水島治郎編『ポピュリズムという挑戦―岐路に立つ現代デモクラシー』岩波書店
西山隆行 2020c「中道路線と冷戦後秩序の模索―ウィリアム・J・クリントン」青野利彦／倉科一希／宮田伊知郎編『現代アメリカ政治外交史―「アメリカの世紀」から「アメリカ第一主義」まで』ミネルヴァ書房

【は行】
墓田　桂 2016『難民問題―イスラム圏の動揺、ＥＵの苦悩、日本の課題』中公新書
林田敏子／大日方純夫編 2012『警察』ミネルヴァ書房
半沢隆実 2009『銃に恋して―武装するアメリカ市民』集英社新書
ハンチントン、サミュエル 1972『変革期社会の政治秩序（上）（下）』内山秀夫訳、サイマル出版会
フーコー、ミシェル 2020『監獄の誕生―監視と処罰〈新装版〉』田村俶訳、新潮社
藤木久志 2005『刀狩り―武器を封印した民衆』岩波新書
ペリン、ノエル 1991『鉄砲を捨てた日本人―日本史に学ぶ軍縮』川勝平太訳、中公文庫
ベンヤミン、ヴァルター 1994『暴力批判論　他十篇』野村修訳、岩波文庫

参考文献一覧

【あ行】

アイゼンバーグ、ナンシー 2018『ホワイト・トラッシュ―アメリカ低層白人の四百年史』渡辺将人監訳／富岡由美訳、東洋書林

阿部和穂 2018『大麻大全―由来からその功罪まで』武蔵野大学出版会

五十嵐武士／福井憲彦 2008『アメリカとフランスの革命』中公文庫

ヴァカン、ロイック 2008『貧困という監獄―グローバル化と刑罰国家の到来』森千香子／菊池恵介訳、新曜社

ヴァン、マ／キット・マイヤーズ 2020「アメリカ軍事帝国主義とレイシズムの交錯―ジョージ・フロイド殺害におけるトウ・タオの共犯と、アメリカとの同盟を拒否するモン系アメリカ人の抵抗」佐原彩子／兼子歩訳、『現代思想』10月臨時特別号

ヴァンス、J・D 2017『ヒルビリー・エレジー―アメリカの繁栄から取り残された白人たち』関根光宏／山田文訳、光文社

ウッド、ゴードン・S 2016『アメリカ独立革命』中野勝郎訳、岩波書店

エリングウッド、ケン 2006『不法越境を試みる人々―米国・メキシコ国境地帯の生と死』仁保真佐子訳、パーソナルケア出版部

オーウェル、ジョージ 1972『一九八四年』新庄哲夫訳、早川書房

大津留（北川）智恵子 2012「マイノリティの包摂と周縁化―移民を起源とするマイノリティ集団」久保ほか（2012）

大津留（北川）智恵子 2016『アメリカが生む／受け入れる難民』関西大学出版部

大塚　尚 2001「破れ窓理論（Broken Windows Theory）」『警察学論集』第54巻第4号

岡本　勝 1994『アメリカ禁酒運動の軌跡―植民地時代から全国禁酒法まで』ミネルヴァ書房

岡本　勝 1996『禁酒法―「酒のない社会」の実験』講談社現代新書

【か行】

賀川真理 2011『カリフォルニア政治とラティーノ―公正な市民生活を求めるための闘い』晃洋書房

賀川真理 2012「カリフォルニア州におけるドリーム法の成立に関する一考察―州政府がなぜ今、非合法移民学生の支援を目指すのか」久保ほか（2012）

兼子　歩 2020「アメリカの警察暴力と人種・階級・男性性の矛盾」『現代思想』10月臨時増刊号

河合幹雄 2004『安全崩壊のパラドックス―治安の法社会学』岩波書店

久保文明／松岡泰／西山隆行／東京財団「現代アメリカ」プロジェクト編 2012『マイノリティが変えるアメリカ政治―多民族社会の現状と将来』NTT出版

グレイ、ジョン 1999『グローバリズムという妄想』石塚雅彦訳、日本経済新聞社

ゲスト、ジャスティン 2019『新たなマイノリティの誕生―声を奪われた白人労働者たち』吉田徹／西山隆行／石神圭子／河村真実訳、弘文堂

コニェツニー、アイリーン／ローレン・ウィルソン 2019『CBDのすべて―健康とウェルビーイングのための医療大麻ガイド』三木直子訳、晶文社

小宮信夫 2005『犯罪は「この場所」で起こる』光文社新書

小山剛／新井誠／横大道聡編 2020『日常の中の〈自由と安全〉―生活安全をめぐる法・政策・実務』弘文堂

【さ行】

斎藤　眞 1992『アメリカ革命史研究―自由と独立』東京大学出版会

【著者】

西山隆行（にしやま・たかゆき）

東京大学大学院法学政治学研究科博士課程修了、博士（法学）。現在、成蹊大学法学部教授。主著として、『格差と分断のアメリカ』（東京堂出版・2020年）、『アメリカの政治』（共編著、弘文堂・2019年）、『アメリカ政治入門』（東京大学出版会・2018年）、『アメリカ政治講義』（筑摩書房・2018年）、『移民大国アメリカ』（筑摩書房・2016年）、『アメリカ型福祉国家と都市政治―ニューヨーク市におけるアーバン・リベラリズムの展開』（東京大学出版会・2008年）など。

〈犯罪大国アメリカ〉のいま――分断する社会と銃・薬物・移民

2021（令和3）年3月30日　初版1刷発行

著　者　西山 隆行

発行者　鯉渕 友南

発行所　株式会社 弘 文 堂　101-0062　東京都千代田区神田駿河台1の7

TEL 03(3294)4801　振替 00120-6-53909

https://www.koubundou.co.jp

装　丁　宇佐美純子

組　版　堀 江 制 作

印　刷　大 盛 印 刷

製　本　井上製本所

カバー写真　AP/アフロ

ISBN 978-4-335-46042-5